BIBLIOTECA MODERNA MONDADORI

Diretta da Alberto Mondadori

VOLUME CXV

SEZIONE: RELIGIONE, FILOSOFIA E PSICOLOGIA

IL VANGELO
SECONDO
GIOVANNI

Tradotto dal greco

da 67580

SALVATORE QUASIMODO

ARNOLDO MONDADORI EDITORE

〜〜〜〜〜〜〜〜〜〜〜〜〜〜

1 · 9 · 5 · 8

I EDIZIONE « B.M.M. »: GIUGNO   1950
II   »   »   : FEBBRAIO 1958

Salvatore Quasimodo. Il Vangelo di S. Giovanni tradotto.
Note di P. De Ambroggi.

   Nihil obstat quominus imprimatur

   Mediolani, 5 X 1945

      Can. CAROLUS FIGINI *Censor Ecc.*ᵘᵃ

         IMPRIMATUR
   in Curia Arch. Mediolani die 16 X 45
      ✠ DOMENICO BERNAREGGI

IL VANGELO

SECONDO GIOVANNI

ΚΑΤΑ ΙΩΑΝΗΝ

1. — ¹ Ἐν ἀρχῇ ἦν ὁ λόγος, καὶ ὁ λόγος ἦν πρὸς τὸν θεόν, καὶ θεὸς ἦν ὁ λόγος. ² Οὗτος ἦν ἐν ἀρχῇ πρὸς τὸν θεόν. ³ Πάντα δι' αὐτοῦ ἐγένετο, καὶ χωρὶς αὐτοῦ ἐγένετο οὐδὲ ἓν ὃ γέγονεν. ⁴ Ἐν αὐτῷ ζωὴ ἦν, καὶ ἡ ζωὴ ἦν τὸ φῶς τῶν ἀνθρώπων. ⁵ Καὶ τὸ φῶς ἐν τῇ σκοτίᾳ φαίνει, καὶ ἡ σκοτία αὐτὸ οὐ κατέλαβεν. ⁶ Ἐγένετο ἄνθρωπος ἀπεσταλμένος παρὰ θεοῦ, ὄνομα αὐτῷ Ἰωάνης· ⁷ οὗτος ἦλθεν εἰς μαρτυρίαν, ἵνα μαρτυρήσῃ περὶ τοῦ φωτός, ἵνα πάντες πιστεύσωσι δι' αὐτοῦ. ⁸ Οὐκ ἦν ἐκεῖνος τὸ φῶς, ἀλλ' ἵνα μαρτυρήσῃ περὶ τοῦ φωτός. ⁹ Ἦν τὸ φῶς τὸ ἀληθινόν, ὃ φωτίζει πάντα ἄνθρωπον ἐρχόμενον εἰς τὸν κόσμον. ¹⁰ Ἐν τῷ κόσμῳ ἦν, καὶ ὁ κόσμος δι' αὐτοῦ ἐγένετο, καὶ ὁ κόσμος αὐτὸν οὐκ ἔγνω. ¹¹ Εἰς τὰ ἴδια ἦλθε, καὶ οἱ ἴδιοι αὐτὸν οὐ παρέλαβον. ¹² Ὅσοι δὲ ἔλαβον αὐτόν, ἔδωκεν αὐτοῖς ἐξουσίαν τέκνα θεοῦ γενέσθαι, τοῖς πιστεύουσιν εἰς τὸ ὄνομα αὐτοῦ. ¹³ Οἳ οὐκ ἐξ αἱμάτων οὐδὲ ἐκ θελήματος σαρκὸς οὐδὲ ἐκ θελήματος ἀνδρὸς, ἀλλ' ἐκ θεοῦ ἐγεννήθησαν. ¹⁴ Καὶ ὁ λόγος σὰρξ ἐγένετο καὶ ἐσκήνωσεν ἐν ἡμῖν, καὶ ἐθεασάμεθα τὴν δόξαν αὐτοῦ, δόξαν ὡς μονογενοῦς παρὰ πατρός, πλήρης χάριτος καὶ ἀληθείας.

¹⁵ Ἰωάνης μαρτυρεῖ περὶ αὐτοῦ καὶ κέκραγε λέγων· οὗτος ἦν ὃν εἶπον· ὁ ὀπίσω μου ἐρχόμενος ἔμπροσθέν μου γέγονεν, ὅτι πρῶτός μου ἦν. ¹⁶ ὅτι ἐκ τοῦ πληρώματος αὐτοῦ ἡμεῖς πάντες ἐλάβομεν, καὶ χάριν ἀντὶ χάριτος· ¹⁷ ὅτι ὁ νόμος διὰ Μωϋσέως ἐδόθη, ἡ χάρις καὶ ἡ ἀλήθεια διὰ Ἰησοῦ Χριστοῦ ἐγένετο. ¹⁸ Θεὸν οὐδεὶς ἑώρακε πώποτε· μονογενὴς θεὸς ὁ ὢν εἰς τὸν κόλπον τοῦ πατρός, ἐκεῖνος ἐξηγήσατο.

IL VERBO ERA IN DIO

I — [1] Il Verbo era nel principio, e il Verbo era in Dio, e Dio era il Verbo. [2] Questo nel principio era in Dio. [3] Ogni cosa fu creata per suo mezzo, e senza di lui nulla fu fatto di ciò che è stato creato. [4] In lui era la vita, e la vita era la luce degli uomini. [5] E la luce splende nelle tenebre e le tenebre non la offuscarono. [6] Visse un uomo mandato da Dio: il suo nome era Giovanni. [7] Egli venne come testimone, per fare testimonianza alla luce, affinché, mediante lui, tutti credessero. [8] Egli non era la luce, ma testimoniava la luce. [9] Il Verbo era la luce vera, quella che illumina ogni uomo che viene nel mondo. [10] Egli era nel mondo, e il mondo fu creato per suo mezzo; ma il mondo non l'ha riconosciuto. [11] Venne nella sua terra, e i suoi non lo accolsero; [12] ma a coloro che lo ricevettero, e sono quelli che credono nel suo nome, diede il potere di diventare figli di Dio; [13] i quali, non da sangue, né da volontà di carne, né da volere di uomo sono nati, ma da Dio. [14] E il Verbo si fece carne, e abitò fra noi; e abbiamo ammirato la sua gloria, gloria come può essere quella dell'unico nato dal Padre, pieno di grazia e di verità.

[15] Giovanni gli rende testimonianza gridando: « Ecco colui del quale avevo detto: — Chi verrà dopo di me, è venuto prima di me, perché esisteva prima di me. — [16] E dalla sua perfezione noi abbiamo ottenuto grazia sopra grazia. [17] Perché la legge fu data da Mosè, la grazia e la verità da Gesú Cristo. [18] Nessuno ha mai veduto Dio: l'unico nato da Dio, che è nel seno del Padre, l'ha rivelato ».

¹⁹ Καὶ αὕτη ἐστὶν ἡ μαρτυρία τοῦ Ἰωάνου, ὅτε ἀπέστειλαν πρὸς αὐτὸν οἱ Ἰουδαῖοι ἐξ Ἱεροσολύμων ἱερεῖς καὶ λευείτας ἵνα ἐρωτήσωσιν αὐτόν· σὺ τίς εἶ; ²⁰ καὶ ὡμολόγησε καὶ οὐκ ἠρνήσατο, καὶ ὡμολόγησεν ὅτι ἐγὼ οὐκ εἰμὶ ὁ Χριστός. ²¹ Καὶ ἠρώτησαν αὐτόν· σὺ οὖν τί; Ἡλείας εἶ; καὶ λέγει· οὐκ εἰμί· ὁ προφήτης εἶ σύ; καὶ ἀπεκρίθη· οὔ. ²² Εἶπαν οὖν αὐτῷ· τίς εἶ; ἵνα ἀπόκρισιν δῶμεν τοῖς πέμψασιν ἡμᾶς· τί λέγεις περὶ σεαυτοῦ; ²³ ἔφη· ἐγὼ φωνὴ βοῶντος ἐν τῇ ἐρήμῳ· εὐθύνατε τὴν ὁδὸν κυρίου, καθὼς εἶπεν Ἡσαΐας ὁ προφήτης. ²⁴ Καὶ ἀπεσταλμένοι ἦσαν ἐκ τῶν Φαρισαίων. ²⁵ Καὶ ἠρώτησαν αὐτὸν καὶ εἶπαν αὐτῷ· τί οὖν βαπτίζεις εἰ σὺ οὐκ εἶ ὁ Χριστὸς οὐδὲ Ἡλείας οὐδὲ ὁ προφήτης; ²⁶ ἀπεκρίθη αὐτοῖς ὁ Ἰωάνης λέγων· ἐγὼ βαπτίζω ἐν ὕδατι· μέσος ὑμῶν στήκει ὃν ὑμεῖς οὐκ οἴδατε, ²⁷ ⟨ ὁ ⟩ ὀπίσω μου ἐρχόμενος, οὗ οὐκ εἰμὶ ἐγὼ ἄξιος ἵνα λύσω αὐτοῦ τὸν ἱμάντα τοῦ ὑποδήματος. ²⁸ Ταῦτα ἐν Βηθανίᾳ ἐγένετο πέραν τοῦ Ἰορδάνου, ὅπου ἦν ὁ Ἰωάνης βαπτίζων. ²⁹ Τῇ ἐπαύριον βλέπει τὸν Ἰησοῦν ἐρχόμενον πρὸς αὐτόν, καὶ λέγει· ἴδε ὁ ἀμνὸς τοῦ θεοῦ ὁ αἴρων τὴν ἁμαρτίαν τοῦ κόσμου· ³⁰ οὗτός ἐστιν ὑπὲρ οὗ ἐγὼ εἶπον· ὀπίσω μου ἔρχεται ἀνὴρ ὃς ἔμπροσθέν μου γέγονεν, ὅτι πρῶτός μου ἦν· ³¹ κἀγὼ οὐκ ᾔδειν αὐτόν, ἀλλ᾽ ἵνα φανερωθῇ τῷ Ἰσραήλ, διὰ τοῦτο ἦλθον ἐγὼ ἐν ὕδατι βαπτίζων. ³² Καὶ ἐμαρτύρησεν Ἰωάνης λέγων ὅτι τεθέαμαι τὸ πνεῦμα καταβαῖνον ὡς περιστερὰν ἐξ οὐρανοῦ, καὶ ἔμεινεν ἐπ᾽ αὐτόν· ³³ κἀγὼ οὐκ ᾔδειν αὐτόν, ἀλλ᾽ ὁ πέμψας με βαπτίζειν ἐν ὕδατι, ἐκεῖνός μοι εἶπεν· ἐφ᾽ ὃν ἂν ἴδῃς τὸ πνεῦμα καταβαῖνον καὶ μένον ἐπ᾽ αὐτόν, οὗτός ἐστιν ὁ βαπτίζων ἐν πνεύματι

IL BATTISTA E GESÚ

[19] Questa è la testimonianza di Giovanni, quando i Giudei inviarono da Gerusalemme dei sacerdoti e dei leviti per chiedergli: « Chi sei tu? ». [20] Egli riconobbe, non negò, anzi affermò: « Io non sono il Cristo ». [21] Allora gli domandarono: « Che cosa sei, dunque? Sei Elia? ». Ed egli disse: « Non lo sono ». « Sei tu il profeta? » Ed egli rispose: « No ». [22] Allora gli chiesero: « Chi sei? Affinché noi possiamo dare una risposta a coloro che ci hanno mandato: che dici di te stesso? ». [23] Disse: « *Io sono la voce di chi grida nel deserto: Rendete piana la strada del Signore,* come scrisse il profeta Isaia ». [24] Coloro che erano stati mandati presso Giovanni erano dei Farisei. [25] Essi lo interrogarono ancora dicendogli: « Perché dunque battezzi, se non sei il Cristo, né Elia, né il profeta? ». [26] Giovanni rispose: « Io battezzo nell'acqua; ma c'è fra voi uno che non conoscete; [27] uno che verrà dopo di me, al quale io non sono degno di sciogliere i legacci dei sandali ». [28] Questo avvenne in Betania, il paese al di là del Giordano, dove Giovanni stava battezzando. [29] Il giorno dopo Giovanni vide Gesú che gli veniva incontro e disse: « Ecco l'Agnello di Dio che toglie i peccati del mondo: [30] Egli è colui del quale io dissi: — Dopo di me viene un uomo che è venuto prima di me, perché esisteva prima di me. [31] Io non lo conoscevo, ma perché fosse rivelato a Israele, io sono venuto a battezzare nell'acqua ». [32] E Giovanni affermava: « Ho visto lo Spirito scendere come colomba dal cielo e fermarsi sopra di lui. [33] Io non lo conoscevo, ma chi mi mandò a battezzare nell'acqua, mi disse: — Colui sul quale vedrai scendere e fermarsi lo

ἁγίῳ. ³⁴ Κἀγὼ ἑώρακα καὶ μεμαρτύρηκα ὅτι οὗτός ἐστιν ὁ υἱὸς τοῦ θεοῦ.

³⁵ Τῇ ἐπαύριον πάλιν εἱστήκει Ἰωάνης καὶ ἐκ τῶν μαθητῶν αὐτοῦ δύο, ³⁶ καὶ ἐμβλέψας τῷ Ἰησοῦ περιπατοῦντι λέγει· ἴδε ὁ ἀμνὸς τοῦ θεοῦ. ³⁷ Καὶ ἤκουσαν οἱ δύο μαθηταὶ αὐτοῦ λαλοῦντος καὶ ἠκολούθησαν τῷ Ἰησοῦ. ³⁸ Στραφεὶς δὲ ὁ Ἰησοῦς καὶ θεασάμενος αὐτοὺς ἀκολουθοῦντας λέγει αὐτοῖς· τί ζητεῖτε; οἱ δὲ εἶπαν αὐτῷ· ῥαββεί, ὃ λέγεται μεθερμηνευόμενον διδάσκαλε, ποῦ μένεις; ³⁹ λέγει αὐτοῖς· ἔρχεσθε καὶ ὄψεσθε, ἦλθαν οὖν καὶ εἶδαν ποῦ μένει, καὶ παρ' αὐτῷ ἔμειναν τὴν ἡμέραν ἐκείνην· ὥρα ἦν ὡς δεκάτη. ⁴⁰ Ἦν Ἀνδρέας ὁ ἀδελφὸς Σίμωνος Πέτρου εἷς ἐκ τῶν δύο τῶν ἀκουσάντων παρὰ Ἰωάνου καὶ ἀκολουθησάντων αὐτῷ. ⁴¹ Εὑρίσκει οὗτος πρῶτον τὸν ἀδελφὸν τὸν ἴδιον Σίμωνα καὶ λέγει αὐτῷ· εὑρήκαμεν τὸν Μεσσίαν, ὅ ἐστι μεθερμηνευόμενον Χριστός. ⁴² Ἤγαγεν αὐτὸν πρὸς τὸν Ἰησοῦν. ἐμβλέψας αὐτῷ ὁ Ἰησοῦς εἶπε· σὺ εἶ Σίμων ὁ υἱὸς Ἰωάνου, σὺ κληθήσῃ Κηφᾶς, ὃ ἑρμηνεύεται Πέτρος. ⁴³ Τῇ ἐπαύριον ἠθέλησεν ἐξελθεῖν εἰς τὴν Γαλιλαίαν, καὶ εὑρίσκει Φίλιππον· καὶ λέγει αὐτῷ ὁ Ἰησοῦς· ἀκολούθει μοι. ⁴⁴ Ἦν δὲ ὁ Φίλιππος ἀπὸ Βηθσαϊδά, ἐκ τῆς πόλεως Ἀνδρέου καὶ Πέτρου. ⁴⁵ Εὑρίσκει Φίλιππος τὸν Ναθαναὴλ καὶ λέγει αὐτῷ· ὃν ἔγραψε Μωϋσῆς ἐν τῷ νόμῳ καὶ οἱ προφῆται εὑρήκαμεν, Ἰησοῦν υἱὸν τοῦ Ἰωσὴφ τὸν ἀπὸ Ναζαρέτ. ⁴⁶ Καὶ εἶπεν αὐτῷ Ναθαναήλ· ἐκ Ναζαρὲτ δύναταί τι ἀγαθὸν εἶναι; λέγει αὐτῷ ὁ Φίλιππος· ἔρχου καὶ ἴδε. ⁴⁷ Εἶδεν Ἰησοῦς τὸν Ναθαναὴλ ἐρχόμενον πρὸς αὐτὸν καὶ λέγει περὶ αὐτοῦ· ἴδε ἀληθῶς Ἰσραηλείτης, ἐν ᾧ δόλος οὐκ ἔστι. ⁴⁸ Λέγει αὐτῷ Ναθαναήλ· πόθεν με γινώσκεις; ἀπεκρίθη

Spirito, è quello che battezza nello Spirito Santo — ³⁴ E io ho visto ed ho testimoniato che egli è il Figlio di Dio».

I PRIMI DISCEPOLI

³⁵ Il giorno seguente Giovanni stava ancora con due dei suoi discepoli, ³⁶ quando rivolto lo sguardo a Gesú che passava, disse: «Ecco l'Agnello di Dio». ³⁷ E udite queste parole i due discepoli seguirono Gesú. ³⁸ Si volse allora Gesú, e vedendo che lo seguivano, domandò loro: «Che cercate?». Ed essi gli risposero: «Rabbi (che tradotto significa Maestro), dove abiti?». ³⁹ Rispose: «Venite e vedrete». Andarono infatti e videro dove abitava; e quel giorno rimasero con lui. Era circa l'ora decima.

⁴⁰ Andrea, fratello di Simon Pietro, era uno dei due, che, udite le parole di Giovanni, avevano seguito Gesú. ⁴¹ Egli incontrò per primo suo fratello Simone, e gli disse: «Abbiamo trovato il Messia» (che tradotto vuol die il Cristo). ⁴² E lo condusse da Gesú. Gesú, guardandolo, disse: «Tu sei Simone, il figlio di Giona; tu ti chiamerai Cefa, che significa Pietro». ⁴³ Il giorno dopo, Gesú volle recarsi in Galilea; e incontrato Filippo, gli disse: «Seguimi». ⁴⁴ Filippo era di Betsaida, la città di Andrea e di Pietro. ⁴⁵ Filippo incontrò Natanaele e gli disse: «Abbiamo trovato Gesú, il figlio di Giuseppe da Nazaret, Gesú, del quale scrissero Mosè nella Legge e i Profeti». ⁴⁶ E Natanaele gli rispose: «Può qualcosa di buono venire da Nazaret?». Filippo gli disse: «Vieni e vedrai». ⁴⁷ Gesú vide Natanaele venirgli incontro, e disse: «Ecco un vero Israelita nel quale non c'è inganno». ⁴⁸ E Natanaele gli disse: «Come mi conosci?». Gesú rispose: «Prima che Filippo ti chiamasse, io ti vidi

Ἰησοῦς καὶ εἶπεν αὐτῷ· πρὸ τοῦ σε Φίλιππον φωνῆσαι ὄντα ὑπὸ τὴν συκῆν εἶδόν σε. [49] Ἀπεκρίθη αὐτῷ Ναθαναήλ· ῥαββεί, σὺ εἶ ὁ υἱὸς τοῦ θεοῦ. σὺ βασιλεὺς εἶ τοῦ Ἰσραήλ. [50] Ἀπεκρίθη Ἰησοῦς καὶ εἶπεν αὐτῷ· ὅτι εἶπόν σοι ὅτι εἶδόν σε ὑποκάτω τῆς συκῆς, πιστεύεις; μείζω τούτων ὄψῃ. [51] Καὶ λέγει αὐτῷ· ἀμὴν ἀμὴν λέγω ὑμῖν, ὄψεσθε τὸν οὐρανὸν ἀνεῳγότα καὶ τοὺς ἀγγέλους τοῦ θεοῦ ἀναβαίνοντας καὶ καταβαίνοντας ἐπὶ τὸν υἱὸν τοῦ ἀνθρώπου.

2. — [1] Καὶ τῇ τρίτῃ ἡμέρᾳ γάμος ἐγένετο ἐν Κανᾶ τῆς Γαλιλαίας, καὶ ἦν ἡ μήτηρ τοῦ Ἰησοῦ ἐκεῖ· [2] ἐκλήθη δὲ καὶ ὁ Ἰησοῦς καὶ οἱ μαθηταὶ αὐτοῦ εἰς τὸν γάμον. [3] Καὶ ὑστερήσαντος οἴνου λέγει ἡ μήτηρ τοῦ Ἰησοῦ πρὸς αὐτόν· οἶνον οὐκ ἔχουσι. [4] Καὶ λέγει αὐτῇ ὁ Ἰησοῦς· τί ἐμοὶ καὶ σοί, γύναι; οὔπω ἥκει ἡ ὥρα μου. [5] Λέγει ἡ μήτηρ αὐτοῦ τοῖς διακόνοις· ὅ τι ἂν λέγῃ ὑμῖν ποιήσατε. [6] Ἦσαν δὲ ἐκεῖ λίθιναι ὑδρίαι ἓξ κατὰ τὸν καθαρισμὸν τῶν Ἰουδαίων κείμεναι, χωροῦσαι ἀνὰ μετρητὰς δύο ἢ τρεῖς. [7] Λέγει αὐτοῖς ὁ Ἰησοῦς· γεμίσατε τὰς ὑδρίας ὕδατος. καὶ ἐγέμισαν αὐτὰς ἕως ἄνω. [8] Καὶ λέγει αὐτοῖς· ἀντλήσατε νῦν καὶ φέρετε τῷ ἀρχιτρικλίνῳ. οἱ δὲ ἤνεγκαν. [9] Ὡς δὲ ἐγεύσατο ὁ ἀρχιτρίκλινος τὸ ὕδωρ οἶνον γεγενημένον, καὶ οὐκ ᾔδει πόθεν ἐστίν, οἱ δὲ διάκονοι ᾔδεισαν οἱ ἠντληκότες τὸ ὕδωρ, φωνεῖ τὸν νυμφίον ὁ ἀρχιτρίκλινος [10] καὶ λέγει αὐτῷ· πᾶς ἄνθρωπος πρῶτον τὸν καλὸν οἶνον τίθησι, καὶ ὅταν μεθυσθῶσι, τὸν ἐλάσσω· σὺ τετήρηκας τὸν καλὸν οἶνον ἕως ἄρτι. [11] Ταύτην ἐποίησεν ἀρχὴν τῶν σημείων ὁ Ἰησοῦς ἐν Κανᾶ τῆς Γαλιλαίας καὶ ἐφανέρωσε τὴν δόξαν αὐτοῦ, καὶ ἐπίστευσαν εἰς αὐτὸν οἱ μαθηταὶ αὐτοῦ. [12] Μετὰ τοῦτο κατέβη εἰς Καφαρναοὺμ αὐτὸς καὶ ἡ μήτηρ αὐτοῦ καὶ οἱ ἀδελφοὶ καὶ οἱ μαθηταὶ αὐτοῦ, καὶ ἐκεῖ ἔμειναν οὐ πολλὰς ἡμέρας.

quando stavi sotto il fico ». ⁴⁹ Natanaele gli rispose:
« Maestro, tu sei il Figlio di Dio, tu sei il re d'Israele ».
⁵⁰ Rispose Gesú: « Tu credi perché ti ho detto di
averti visto sotto il fico? Vedrai cose maggiori di questa ». ⁵¹ Poi gli disse: « In verità, in verità vi dico,
vedrete il cielo aperto e gli angeli di Dio salire e scendere sopra il Figlio dell'uomo ».

IL MIRACOLO DI CANA

II — ¹ Tre giorni dopo si celebrava un rito nuziale
in Cana di Galilea: e c'era la madre di Gesú. ² E Gesú
vi fu anche invitato con i suoi discepoli. ³ Poiché venne a mancare il vino, la madre di Gesú disse al figlio:
« Non hanno piú vino ». ⁴ E Gesú le rispose: « Che
occorre a te e a me, o donna? La mia ora non è ancora venuta ». ⁵ La madre di Gesú disse ai servitori:
« Fate ciò che vi dirà ». ⁶ C'erano là sei pile di pietra
destinate alla purificazione, secondo le usanze dei
Giudei, ciascuna della capacità di due o tre metrete.
⁷ Gesú disse loro: « Riempite d'acqua le pile ». Ed essi
le riempirono fino all'orlo. ⁸ Poi Gesú disse: « Ora at-
tingete e portatene al capo del convito ». Ed essi gliene
portarono. ⁹ Quando il capo del convito assaggiò l'acqua mutata in vino, (egli non sapeva di dove venisse,
ma lo sapevano i servitori che avevano attinto l'acqua),
chiamò lo sposo ¹⁰ e gli disse: « Tutti usano versare
prima il vino migliore, e quando gli ospiti sono ebbri,
quello meno buono; ma tu hai conservato il vino migliore fino a questo momento ».

¹¹ Gesú fece questo suo primo miracolo in Cana di
Galilea, e manifestò la sua gloria; e i suoi discepoli
credettero in lui. ¹² Poi scese a Cafarnao con la madre,
i fratelli e i discepoli; e là essi rimasero alcuni giorni.

¹³ Καὶ ἐγγὺς ἦν τὸ πάσχα τῶν Ἰουδαίων, καὶ ἀνέβη
εἰς Ἱεροσόλυμα ὁ Ἰησοῦς. ¹⁴ Καὶ εὗρεν ἐν τῷ ἱερῷ
τοὺς πωλοῦντας βόας καὶ πρόβατα καὶ περιστερὰς καὶ
τοὺς κερματιστὰς καθημένους, ¹⁵ καὶ ποιήσας φραγέλ-
λιον ἐκ σχοινίων πάντας ἐξέβαλεν ἐκ τοῦ ἱεροῦ, τά τε
πρόβατα καὶ τοὺς βόας, καὶ τῶν κολλυβιστῶν ἐξέχεε
τὰ κέρματα καὶ τὰς τραπέζας ἀνέτρεψε. ¹⁶ καὶ τοῖς
τὰς περιστερὰς πωλοῦσιν εἶπεν· ἄρατε ταῦτα ἐντεῦθεν,
μὴ ποιεῖτε τὸν οἶκον τοῦ πατρός μου οἶκον ἐμπορίου·
¹⁷ Ἐμνήσθησαν οἱ μαθηταὶ αὐτοῦ ὅτι ἐστὶ γεγραμμέ-
νον· ὁ ζῆλος τοῦ οἴκου σου καταφάγεταί με. ¹⁸ Ἀπεκρίθησαν οὖν οἱ Ἰουδαῖοι καὶ εἶπαν αὐτῷ· τί σημεῖον
δεικνύεις ἡμῖν, ὅτι ταῦτα ποιεῖς; ¹⁹ ἀπεκρίθη Ἰησοῦς
καὶ εἶπεν αὐτοῖς· λύσατε τὸν ναὸν τοῦτον, καὶ ⟨ἐν⟩
τρισὶν ἡμέραις ἐγερῶ αὐτόν. ²⁰ Εἶπαν οὖν οἱ Ἰουδαῖοι·
τεσσεράκοντα καὶ ἓξ ἔτεσιν οἰκοδομήθη ὁ ναὸς οὗτος,
καὶ σὺ ἐν τρισὶν ἡμέραις ἐγερεῖς αὐτόν; ²¹ ἐκεῖνος δὲ
ἔλεγε περὶ τοῦ ναοῦ τοῦ σώματος αὐτοῦ. ²² Ὅτε οὖν
ἠγέρθη ἐκ νεκρῶν ἐμνήσθησαν οἱ μαθηταὶ αὐτοῦ ὅτι
τοῦτο ἔλεγε, καὶ ἐπίστευσαν τῇ γραφῇ καὶ τῷ λόγῳ ὃν
εἶπεν ὁ Ἰησοῦς. ²³ Ὡς δὲ ἦν ἐν τοῖς Ἱεροσολύμοις ἐν
τῷ πάσχα ⟨ἐν⟩ τῇ ἑορτῇ, πολλοὶ ἐπίστευσαν εἰς τὸ ὄνομα
αὐτοῦ, θεωροῦντες αὐτοῦ τὰ σημεῖα ἃ ἐποίει· ²⁴ αὐτὸς δὲ Ἰησοῦς οὐκ ἐπίστευεν αὑτὸν αὐτοῖς διὰ τὸ αὐτὸν γινώσκειν πάντας, ²⁵ καὶ ὅτι οὐ χρείαν εἶχεν ἵνα
τις μαρτυρήσῃ περὶ τοῦ ἀνθρώπου· αὐτὸς γὰρ ἐγίνω-
σκε τί ἦν ἐν τῷ ἀνθρώπῳ.

3. — ¹ Ἦν δὲ ἄνθρωπος ἐκ τῶν Φαρισαίων, Νικόδημος ὄνομα αὐτῷ, ἄρχων τῶν Ἰουδαίων· ² οὗτος ἦλθε
πρὸς αὐτὸν νυκτὸς καὶ εἶπεν αὐτῷ· ῥαββεί, οἴδαμεν ὅτι
ἀπὸ θεοῦ ἐλήλυθας διδάσκαλος· οὐδεὶς γὰρ δύναται
ταῦτα τὰ σημεῖα ποιεῖν ἃ σὺ ποιεῖς, ἐὰν μὴ ᾖ ὁ θεὸς

GESÚ NEL TEMPIO DI GERUSALEMME

[13] Era vicina la Pasqua dei Giudei, e Gesú andò a Gerusalemme. [14] E trovò accampati nel tempio i venditori di buoi, di pecore, di colombi e i cambiavalute. [15] E fatta una sferza di cordicelle, li cacciò tutti; e cosí le pecore e i buoi. E gettò per terra il denaro dei cambiavalute e rovesciò i loro banchi. [16] E ai venditori di colombi disse: «Portate via queste cose: non fate della casa del Padre mio un mercato». [17] I suoi discepoli si ricordarono che è scritto: *Lo zelo della tua casa mi consuma.* [18] Risposero allora i Giudei, e gli dissero: «Quale miracolo ci mostri per poter fare questo?». [19] Gesú rispose: «Distruggete questo tempio, e in tre giorni io lo riedificherò». [20] I Giudei dissero ancora: «Questo tempio fu costruito in quarantasei anni, e tu lo faresti risorgere in tre giorni?». [21] Ma egli parlava del tempio del suo corpo. [22] Quando poi fu risuscitato dai morti, i suoi discepoli si ricordarono di ciò che aveva detto, e credettero alla Scrittura e alle parole pronunciate da Gesú. [23] Mentre egli era ancora a Gerusalemme per la festa di Pasqua, molti credettero nel suo nome vedendo i miracoli che faceva. [24] Ma Gesú non si confidava a loro, perché li conosceva tutti; [25] e perché non aveva bisogno di alcuna testimonianza circa l'uomo: infatti, egli sapeva ciò che era nell'uomo.

NICODEMO IL FARISEO

III — [1] C'era tra i Farisei un uomo chiamato Nico-demo, uno dei capi dei Giudei. [2] Egli andò di notte da Gesú e gli disse: «Noi sappiamo che sei venuto da Dio come maestro: poiché nessuno può compiere i

μετ᾽ αὐτοῦ. ³ Ἀπεκρίθη Ἰησοῦς καὶ εἶπεν αὐτῷ· ἀμὴν ἀμὴν λέγω σοι, ἐὰν μή τις γεννηθῇ ἄνωθεν, οὐ δύνα ται ἰδεῖν τὴν βασιλείαν τοῦ θεοῦ. ⁴ Λέγει πρὸς αὐτὸ Νικόδημος· πῶς δύναται ἄνθρωπος γεννηθῆναι γέρω ὤν; μὴ δύναται εἰς τὴν κοιλίαν τῆς μητρὸς αὐτοῦ δεύ τερον εἰσελθεῖν καὶ γεννηθῆναι; ⁵ ἀπεκρίθη ὁ Ἰη σοῦς· ἀμὴν ἀμὴν λέγω σοι, ἐὰν μή τις γεννηθῇ ἐξ ὕδατο καὶ πνεύματος, οὐ δύναται εἰσελθεῖν εἰς τὴν βασιλεία τοῦ θεοῦ. ⁶ Τὸ γεγεννημένον ἐκ τῆς σαρκὸς σάρξ ἐστι καὶ τὸ γεγεννημένον ἐκ τοῦ πνεύματος πνεῦμά ἐστι. Μὴ θαυμάσῃς ὅτι εἶπόν σοι· δεῖ ὑμᾶς γεννηθῆναι ἄνω θεν· ⁸ τὸ πνεῦμα ὅπου θέλει πνεῖ. καὶ τὴν φωνὴν αὐ τοῦ ἀκούεις, ἀλλὰ οὐκ οἶδας πόθεν ἔρχεται καὶ ποῦ ὑπά γει· οὕτως ἐστὶ πᾶς ὁ γεγεννημένος ἐκ τοῦ πνεύματος ⁹ Ἀπεκρίθη Νικόδημος καὶ εἶπεν αὐτῷ· πῶς δύνατα ταῦτα γενέσθαι; ¹⁰ ἀπεκρίθη Ἰησοῦς καὶ εἶπεν αὐτῷ σὺ εἶ ὁ διδάσκαλος τοῦ Ἰσραὴλ καὶ ταῦτα οὐ γινώσκεις ¹¹ ἀμὴν ἀμὴν λέγω σοι ὅτι ὃ οἴδαμεν λαλοῦμεν καὶ ὃ ἑωράκαμεν μαρτυροῦμεν, καὶ τὴν μαρτυρίαν ἡμῶν οὐ λαμβάνετε. ¹² Εἰ τὰ ἐπίγεια εἶπον ὑμῖν καὶ οὐ πι στεύετε, πῶς ἐὰν εἴπω ὑμῖν τὰ ἐπουράνια πιστεύσετε ¹³ καὶ οὐδεὶς ἀναβέβηκεν εἰς τὸν οὐρανὸν εἰ μὴ ὁ ἐκ τοῦ οὐρανοῦ καταβάς, ὁ υἱὸς τοῦ ἀνθρώπου. ¹⁴ Καὶ κα θὼς Μωϋσῆς ὕψωσε τὸν ὄφιν ἐν τῇ ἐρήμῳ, οὕτως ὑψω θῆναι δεῖ τὸν υἱὸν τοῦ ἀνθρώπου, ¹⁵ ἵνα πᾶς ὁ πι στεύων ἐν αὐτῷ ἔχῃ ζωὴν αἰώνιον. ¹⁶ Οὕτως γὰρ ἠγά πησεν ὁ θεὸς τὸν κόσμον, ὥστε τὸν υἱὸν τὸν μονογενῆ ἔδωκεν, ἵνα πᾶς ὁ πιστεύων εἰς αὐτὸν μὴ ἀπόληται ἀλλὰ ἔχῃ ζωὴν αἰώνιον. ¹⁷ Οὐ γὰρ ἀπέστειλεν ὁ θεὸς τὸν υἱὸν εἰς τὸν κόσμον ἵνα κρίνῃ τὸν κόσμον, ἀλλ᾽ ἵνα σωθῇ ὁ κόσμος δι᾽ αὐτοῦ. ¹⁸ Ὁ πιστεύων εἰς αὐτὸν οὐ κρί νεται· ὁ μὴ πιστεύων ἤδη κέκριται, ὅτι μὴ πεπίστευκε εἰς τὸ ὄνομα τοῦ μονογενοῦς υἱοῦ τοῦ θεοῦ. ¹⁹ Αὕτη δέ ἐστιν ἡ κρίσις, ὅτι τὸ φῶς ἐλήλυθεν εἰς

miracoli che tu fai, se Dio non è con lui ». ³ Gesú gli rispose: « In verità, in verità ti dico che se uno non nascerà un'altra volta, non può vedere il regno di Dio ». ⁴ Nicodemo gli disse: « Come può un uomo nascere, se è già vecchio? Può per la seconda volta entrare nel grembo della madre, e rinascere? ». ⁵ Gesú rispose: « In verità, in verità ti dicó che se uno non sarà rigenerato dall'acqua e dallo Spirito, non può entrare nel regno di Dio. ⁶ Ciò che è nato dalla carne, è carne; ciò che è nato dallo Spirito, è spirito. ⁷ Non meravigliarti di quello che ti dissi: — Bisogna che voi siate generati di nuovo. — ⁸ Il vento soffia dove vuole, e tu ne odi il rumore; ma non sai di dove venga, né dove vada: cosí è di chi nasce dallo Spirito ». ⁹ Nicodemo gli rispose: « Come può accadere questo? ». ¹⁰ E Gesú: « Tu sei maestro in Israele e ignori queste cose? ¹¹ In verità, in verità ti dico che noi parliamo di quello che conosciamo e affermiamo quello che abbiamo visto; ma voi non accogliete la nostra testimonianza. ¹² Se non avete creduto quando vi ho parlato delle cose della terra, come crederete quando vi parlerò di quelle del cielo? ¹³ Nessuno è salito in cielo, se non chi è disceso dal cielo, cioè il Figlio dell'uomo. ¹⁴ E come Mosè innalzò il serpente nel deserto, cosí bisogna che sia innalzato il Figlio dell'uomo, ¹⁵ perché chi crede in lui abbia vita eterna. ¹⁶ Infatti, Dio ha tanto amato il mondo, che ha dato il suo unico Figlio, perché chi crede in lui non muoia, ma abbia vita eterna. ¹⁷ Certo, Dio non ha mandato il Figlio nel mondo per condannare il mondo, ma perché il mondo sia salvato da lui. ¹⁸ Chi crede in lui non è condannato: chi non crede è già condannato, perché non crede nel nome dell'unico Figlio di Dio.

« ¹⁹ E la condanna è questa: che la luce venne nel

τὸν κόσμον καὶ ἠγάπησαν οἱ ἄνθρωποι μᾶλλον τὸ σκότος ἢ τὸ φῶς· ἦν γὰρ αὐτῶν πονηρὰ τὰ ἔργα. ²⁰ Πᾶς γὰρ ὁ φαῦλα πράσσων μισεῖ τὸ φῶς καὶ οὐκ ἔρχεται πρὸς τὸ φῶς, ἵνα μὴ ἐλεγχθῇ τὰ ἔργα αὐτοῦ. ²¹ Ὁ δὲ ποιῶν τὴν ἀλήθειαν ἔρχεται πρὸς τὸ φῶς, ἵνα φανερωθῇ αὐτοῦ τὰ ἔργα ὅτι ἐν θεῷ ἐστιν εἰργασμένα.

²² Μετὰ ταῦτα ἦλθεν ὁ Ἰησοῦς καὶ οἱ μαθηταὶ αὐτοῦ εἰς τὴν Ἰουδαίαν γῆν, καὶ ἐκεῖ διέτριβε μετ' αὐτῶν καὶ ἐβάπτιζεν. ²³ ᵀ Ἦν δὲ καὶ Ἰωάνης βαπτίζων ἐν Αἰνὼν ἐγγὺς τοῦ Σαλείμ, ὅτι ὕδατα πολλὰ ἦν ἐκεῖ, καὶ παρεγίνοντο καὶ ἐβαπτίζοντο· ²⁴ οὔπω γὰρ ἦν βεβλημένος εἰς τὴν φυλακὴν Ἰωάνης. ²⁵ Ἐγένετο οὖν ζήτησις ἐκ τῶν μαθητῶν [τῶν] Ἰωάνου μετὰ Ἰουδαίου περὶ καθαρισμοῦ. ²⁶ Καὶ ἦλθαν πρὸς τὸν Ἰωάνην καὶ εἶπαν αὐτῷ· ῥαββεί, ὃς ἦν μετὰ σοῦ πέραν τοῦ Ἰορδάνου, ᾧ σὺ μεμαρτύρηκας, ἴδε οὗτος βαπτίζει καὶ πάντες ἔρχονται πρὸς αὐτόν. ²⁷ Ἀπεκρίθη Ἰωάνης καὶ εἶπεν· οὐ δύναται ἄνθρωπος λαμβάνειν οὐδὲ ἕν, ἂν μὴ ᾖ δεδομένον αὐτῷ ἐκ τοῦ οὐρανοῦ. ²⁸ Αὐτοὶ ὑμεῖς μοι μαρτυρεῖτε ὅτι εἶπον ἐγώ· οὐκ εἰμὶ ἐγὼ ὁ Χριστός, ἀλλ' ὅτι ἀπεσταλμένος εἰμὶ ἔμπροσθεν ἐκείνου. ²⁹ Ὁ ἔχων τὴν νύμφην νυμφίος ἐστίν· ὁ δὲ φίλος τοῦ νυμφίου, ὁ ἑστηκὼς καὶ ἀκούων αὐτοῦ, χαρᾷ χαίρει διὰ τὴν φωνὴν τοῦ νυμφίου. αὕτη οὖν ἡ χαρὰ ἡ ἐμὴ πεπλήρωται. ³⁰ Ἐκεῖνον δεῖ αὐξάνειν, ἐμὲ δὲ ἐλαττοῦσθαι. ³¹ Ὁ ἄνωθεν ἐρχόμενος ἐπάνω πάντων ἐστίν· ὁ ὢν ἐκ τῆς γῆς, ἐκ τῆς γῆς ἐστι καὶ ἐκ τῆς γῆς λαλεῖ. ὁ ἐκ τοῦ οὐρανοῦ ἐρχόμενος ἐπάνω πάντων ἐστίν· ³² ὃ ἑώρακε καὶ ἤκουσε, τοῦτο μαρτυρεῖ, καὶ τὴν μαρτυ-

mondo, e gli uomini amarono le tenebre piú della
luce, perché le loro azioni erano vili. [20] Infatti, chi
compie il male odia la luce e non si avvicina alla luce.
perché le sue azioni non siano rimproverate. [21] Ma
chi opera nella verità si avvicina alla luce affinché le
sue azioni si possano conoscere, perché compiute secondo Dio ».

CHI VIENE DAL CIELO
È AL DI SOPRA DI TUTTI

[22] Gesú andò poi con i suoi discepoli nel territorio
della Giudea, e vi rimase per qualche tempo; e battezzava. [23] Anche Giovanni battezzava a Enon, presso
Salim, luogo ricco di acque; e molti vi si recavano a
farsi battezzare. [24] Infatti, ancora, Giovanni non era
stato messo in prigione.

[25] Nacque là una discussione tra i discepoli di Giovanni e un giudeo intorno alla purificazione. [26] Andarono allora da Giovanni e gli dissero: « Maestro, colui che era con te al di là del Giordano, e al quale
tu rendesti testimonianza, ora battezza e tutti accor-
rono da lui ». [27] Giovanni rispose: « L'uomo non può
ricevere nessuna cosa se non gli viene data dal cielo.
[28] Voi stessi potete affermare che io dissi: — Io non
sono il Cristo, ma sono stato mandato prima di lui. —
[29] Sposo è chi ha la sposa; l'amico dello sposo che gli
è vicino e l'ascolta, si riempie di gioia alla voce dello
sposo. Questa gioia, che è la mia, è dunque piena.
[30] Bisogna che egli cresca e che io diminuisca. [31] Chi
viene dall'alto è al di sopra di tutti; chi proviene
dalla terra, appartiene alla terra; e parla come chi è
della terra; chi viene dal cielo è al di sopra di tutti.
[32] Egli afferma ciò che ha veduto e udito, ma nessuno

ρίαν αὐτοῦ οὐδεὶς λαμβάνει. ³³ Ὁ λαβὼν αὐτοῦ τὴν μαρτυρίαν ἐσφράγισεν ὅτι ὁ θεὸς ἀληθής ἐστιν. ³⁴ Ὃν γὰρ ἀπέστειλεν ὁ θεὸς τὰ ῥήματα τοῦ θεοῦ λαλεῖ· οὐ γὰρ ἐκ μέτρου δίδωσι τὸ πνεῦμα. ³⁵ Ὁ πατὴρ ἀγαπᾷ τὸν υἱόν. καὶ πάντα δέδωκεν ἐν τῇ χειρὶ αὐτοῦ. ³⁶ Ὁ πιστεύων εἰς τὸν υἱὸν ἔχει ζωὴν αἰώνιον· ὁ δὲ ἀπειθῶν τῷ υἱῷ οὐκ ὄψεται ζωήν, ἀλλ᾽ ἡ ὀργὴ τοῦ θεοῦ μένει ἐπ᾽ αὐτόν.

4. — ¹ Ὡς οὖν ἔγνω ὁ κύριος ὅτι ἤκουσαν οἱ Φαρισαῖοι ὅτι Ἰησοῦς πλείονας μαθητὰς ποιεῖ καὶ βαπτίζει ἢ Ἰωάνης, ² καίτοι γε Ἰησοῦς αὐτὸς οὐκ ἐβάπτιζεν ἀλλ᾽ οἱ μαθηταὶ αὐτοῦ, ³ ἀφῆκε τὴν Ἰουδαίαν καὶ ἀπῆλθε πάλιν εἰς τὴν Γαλιλαίαν. ⁴ Ἔδει δὲ αὐτὸν διέρχεσθαι διὰ τῆς Σαμαρείας. ⁵ Ἔρχεται οὖν εἰς πόλιν τῆς Σαμαρείας λεγομένην Συχάρ. πλησίον τοῦ χωρίου ὃ ἔδωκεν Ἰακὼβ τῷ Ἰωσὴφ τῷ υἱῷ αὐτοῦ· ⁶ ἦν δὲ ἐκεῖ πηγὴ τοῦ Ἰακώβ. ὁ οὖν Ἰησοῦς κεκοπιακὼς ἐκ τῆς ὁδοιπορίας ἐκαθέζετο οὕτω ἐπὶ τῇ πηγῇ· ὥρα ἦν ὡς ἕκτη. ⁷ Ἔρχεται γυνὴ ἐκ τῆς Σαμαρείας ἀντλῆσαι ὕδωρ. λέγει αὐτῇ ὁ Ἰησοῦς· δός μοι πεῖν. ⁸ Οἱ γὰρ μαθηταὶ αὐτοῦ ἀπεληλύθεισαν εἰς τὴν πόλιν ἵνα τροφὰς ἀγοράσωσι. ⁹ Λέγει οὖν αὐτῷ ἡ γυνὴ ἡ Σαμαρεῖτις· πῶς σὺ Ἰουδαῖος ὢν παρ᾽ ἐμοῦ πεῖν αἰτεῖς γυναικὸς Σαμαρείτιδος οὔσης; οὐ γὰρ συγχρῶνται Ἰουδαῖοι Σαμαρείταις. ¹⁰ Ἀπεκρίθη Ἰησοῦς καὶ εἶπεν αὐτῇ· εἰ ᾔδεις τὴν δωρεὰν τοῦ θεοῦ, καὶ τίς ἐστιν ὁ λέγων σοι· δός μοι πεῖν, σὺ ἂν ᾔτησας αὐτὸν καὶ ἔδωκεν ἄν σοι ὕδωρ ζῶν. ¹¹ Λέγει αὐτῷ· κύριε, οὔτε ἄντλημα ἔχεις καὶ τὸ φρέαρ ἐστὶ βαθύ· πόθεν οὖν ἔχεις τὸ ὕδωρ τὸ ζῶν; ¹² μὴ σὺ μείζων εἶ τοῦ πατρὸς ἡμῶν Ἰακώβ. ὃς ἔδωκεν ἡμῖν τὸ φρέαρ, καὶ αὐτὸς ἐξ αὐτοῦ ἔπιε καὶ οἱ υἱοὶ

accetta la sua testimonianza. [33] Chi ha accolto la sua testimonianza afferma che Dio dice la verità. [34] Infatti colui che Dio ha mandato parla le parole di Dio, perché Dio gli dà lo Spirito senza misura. [35] Il Padre ama il Figlio e ha posto ogni cosa nelle sue mani. [36] Chi crede nel Figlio ha vita eterna; chi non crede nel Figlio non vedrà la vita, ma avrà l'ira di Dio ferma su di lui ».

LA SAMARITANA

IV — [1] Quando il Signore conobbe che i Farisei sapevano già che egli faceva piú discepoli di Giovanni, e battezzava piú di lui [2] (benché non fosse Gesú a battezzare, ma i suoi discepoli), [3] lasciò la Giudea per ritornare in Galilea. [4] Per giungervi bisognava attraversare la Samaria. [5] Gesú arrivò cosí a Sicar, città della Samaria vicina al campo che Giacobbe aveva dato a suo figlio Giuseppe. [6] Là si trovava il pozzo di Giacobbe; e Gesú, stanco del viaggio, si sedette presso il pozzo. Era circa l'ora sesta. [7] Venne ad attingere acqua una donna di Samaria, e Gesú le disse: « Dammi da bere ». [8] (I suoi discepoli erano andati in città per comprare qualcosa da mangiare.) [9] La donna samaritana gli rispose: « Come mai tu che sei giudeo, chiedi da bere a me che sono samaritana? ». Infatti, i giudei non frequentano i samaritani. [10] Gesú le rispose: « Se tu conoscessi il dono di Dio, e chi è che ti dice: — Dammi da bere, — forse tu gliene avresti domandato, ed egli ti avrebbe dato dell'acqua viva ». [11] E la donna gli disse: « Signore, tu non hai alcuna cosa per attingere, e il pozzo è profondo: dove hai dunque l'acqua viva? [12] Sei tu forse piú grande del nostro padre Giacobbe, che ci diede questo pozzo, della cui acqua egli stesso ne bevve, e cosí i suoi figli e i suoi armen-

αὐτοῦ καὶ τὰ θρέμματα αὐτοῦ; ¹³ ἀπεκρίθη Ἰησοῦς
καὶ εἶπεν αὐτῇ· πᾶς ὁ πίνων ἐκ τοῦ ὕδατος τούτου διψήσει πάλιν· ¹⁴ ὃς δ' ἂν πίῃ ἐκ τοῦ ὕδατος οὗ ἐγὼ δώσω
αὐτῷ, οὐ μὴ διψήσει εἰς τὸν αἰῶνα, ἀλλὰ τὸ ὕδωρ ὃ δώσω
αὐτῷ γενήσεται ἐν αὐτῷ πηγὴ ὕδατος ἁλλομένου εἰς
ζωὴν αἰώνιον. ¹⁵ Λέγει πρὸς αὐτὸν ἡ γυνή· κύριε, δός
μοι τοῦτο τὸ ὕδωρ, ἵνα μὴ διψῶ μηδὲ διέρχωμαι ἐνθάδε
ἀντλεῖν. ¹⁶ Λέγει αὐτῇ· ὕπαγε φώνησόν σου τὸν ἄνδρα καὶ ἐλθὲ ἐνθάδε. ¹⁷ ἀπεκρίθη ἡ γυνὴ καὶ εἶπεν
αὐτῷ· οὐκ ἔχω ἄνδρα. Λέγει αὐτῇ ὁ Ἰησοῦς· καλῶς
εἶπες ὅτι ἄνδρα οὐκ ἔχω· ¹⁸ πέντε γὰρ ἄνδρας ἔσχες,
καὶ νῦν ὃν ἔχεις οὐκ ἔστι σου ἀνήρ· τοῦτο ἀληθὲς εἴρη-
κας. ¹⁹ Λέγει αὐτῷ ἡ γυνή· κύριε, θεωρῶ ὅτι προφήτης εἶ σύ. ²⁰ Οἱ πατέρες ἡμῶν ἐν τῷ ὄρει τούτῳ
προσεκύνησαν· καὶ ὑμεῖς λέγετε ὅτι ἐν Ἱεροσολύμοις
ἐστὶν ὁ τόπος ὅπου προσκυνεῖν δεῖ. ²¹ Λέγει αὐτῇ
ὁ Ἰησοῦς· πίστευέ μοι, γύναι, ὅτι ἔρχεται ὥρα ὅτε οὔτε
ἐν τῷ ὄρει τούτῳ οὔτε ἐν Ἱεροσολύμοις προσκυνήσετε
τῷ πατρί. ²² Ὑμεῖς προσκυνεῖτε ὃ οὐκ οἴδατε, ἡμεῖς
προσκυνοῦμεν ὃ οἴδαμεν, ὅτι ἡ σωτηρία ἐκ τῶν Ἰουδαίων ἐστίν· ²³ ἀλλὰ ἔρχεται ὥρα καὶ νῦν ἐστιν, ὅτε
οἱ ἀληθινοὶ προσκυνηταὶ προσκυνήσουσι τῷ πατρὶ ἐν
πνεύματι καὶ ἀληθείᾳ· καὶ γὰρ ὁ πατὴρ τοιούτους ζητεῖ
τοὺς προσκυνοῦντας αὐτόν· ²⁴ πνεῦμα ὁ θεός, καὶ
τοὺς προσκυνοῦντας αὐτὸν ἐν πνεύματι καὶ ἀληθείᾳ δεῖ
προσκυνεῖν. ²⁵ Λέγει αὐτῷ ἡ γυνή· οἶδα ὅτι Μεσσίας
ἔρχεται, ὁ λεγόμενος Χριστός· ὅταν ἔλθῃ ἐκεῖνος, ἀναγγελεῖ ἡμῖν ἅπαντα. ²⁶ Λέγει αὐτῇ ὁ Ἰησοῦς· ἐγώ εἰμι,
ὁ λαλῶν σοι.

²⁷ Καὶ ἐπὶ τούτῳ ἦλθαν οἱ μαθηταὶ αὐτοῦ, καὶ ἐθαύμαζον ὅτι μετὰ γυναικὸς ἐλάλει· οὐδεὶς μέντοι εἶπε·
τί ζητεῖς ἢ τί λαλεῖς μετ' αὐτῆς; ²⁸ ἀφῆκεν οὖν τὴν
ὑδρίαν αὐτῆς ἡ γυνὴ καὶ ἀπῆλθεν εἰς τὴν πόλιν. καὶ
λέγει τοῖς ἀνθρώποις· ²⁹ δεῦτε ἴδετε ἄνθρωπον ὃς

ti? ». [13] Gesú rispose: « Chi beve di quest'acqua, avrà sete ancora; [14] ma chi berrà l'acqua che io gli darò non avrà piú sete in eterno: anzi l'acqua che gli darò diventerà in lui una sorgente d'acqua che sgorga fino alla vita eterna ». [15] La donna gli disse: « Signore, dammi della tua acqua, affinché io non abbia piú sete, e non debba piú venire fin qui ad attingere ». [16] E Gesú: « Va a chiamare tuo marito, e ritorna qui ». La donna rispose: « Non ho marito ». [17] E Gesú ancora: « Hai detto bene: — Non ho marito; — [18] perché hai avuto cinque uomini, e anche quello che hai ora non è tuo marito. Hai detto la verità ». [19] E la donna disse: « Vedo che tu sei un profeta. [20] I nostri padri adorarono Dio su questo monte, e voi dite che Gerusalemme è il luogo dove si deve adorare ». [21] E Gesù disse: « Credi a me, o donna, è venuto il tempo che non adorerete il Padre né su questo monte, né a Gerusalemme. [22] Voi adorate ciò che non conoscete, noi adoriamo ciò che conosciamo, perché la salvezza viene dai Giudei. [23] Ma l'ora viene, anzi è questa, nella quale i veri credenti adoreranno il Padre nello spirito e nella verità; perché questi sono i credenti che il Padre cerca. [24] Dio è spirito, e quelli che lo adorano, devono adorarlo nello spirito e nella verità ». [25] La donna gli rispose: « So che verrà il Messia, che è detto il Cristo: quando sarà venuto, annunzierà a noi ogni cosa ». [26] Disse allora Gesú: « Sono io, io che ti parlo ».

[27] In quel momento ritornarono i suoi discepoli, e si stupirono che egli parlasse con una donna; ma nessuno gli chiese: — Che desideri? — o — Perché parli con lei? —

[28] La donna, allora, lasciò la sua anfora e ritornò in città. E disse alla gente: [29] « Venite a vedere un uomo che m'ha detto tutto ciò che ho fatto: non sarà forse

εἰπέ μοι πάντα ἃ ἐποίησα· μήτι οὗτός ἐστιν ὁ Χριστός; ³⁰ ἐξῆλθον ἐκ τῆς πόλεως καὶ ἤρχοντο πρὸς αὐτόν. ³¹ Ἐν τῷ μεταξὺ ἠρώτων αὐτὸν οἱ μαθηταὶ λέγοντες· ῥαββεί, φάγε. ³² Ὁ δὲ εἶπεν αὐτοῖς· ἐγὼ βρῶσιν ἔχω φαγεῖν ἣν ὑμεῖς οὐκ οἴδατε. ³³ Ἔλεγον οὖν οἱ μαθηταὶ πρὸς ἀλλήλους· μή τις ἤνεγκεν αὐτῷ φαγεῖν; ³⁴ λέγει αὐτοῖς ὁ Ἰησοῦς· ἐμὸν βρῶμά ἐστιν ἵνα ποιήσω τὸ θέλημα τοῦ πέμψαντός με καὶ τελειώσω αὐτοῦ τὸ ἔργον. ³⁵ Οὐχ ὑμεῖς λέγετε ὅτι ἔτι τετράμηνός ἐστι καὶ ὁ θερισμὸς ἔρχεται; ἰδοὺ λέγω ὑμῖν, ἐπάρατε τοὺς ὀφθαλμοὺς ὑμῶν καὶ θεάσασθε τὰς χώρας, ὅτι λευκαί εἰσι πρὸς θερισμόν. ³⁶ Ἤδη ὁ θερίζων μισθὸν λαμβάνει καὶ συνάγει καρπὸν εἰς ζωὴν αἰώνιον, ἵνα ὁ σπείρων ὁμοῦ χαίρῃ καὶ ὁ θερίζων· ³⁷ ἐν γὰρ τούτῳ ὁ λόγος ἐστὶν ἀληθινὸς ὅτι ἄλλος ἐστὶν ὁ σπείρων καὶ ἄλλος ὁ θερίζων. ³⁸ Ἐγὼ ἀπέστειλα ὑμᾶς θερίζειν ὃ οὐχ ὑμεῖς κεκοπιάκατε· ἄλλοι κεκοπιάκασι, καὶ ὑμεῖς εἰς τὸν κόπον αὐτῶν εἰσεληλύθατε. ³⁹ Ἐκ δὲ τῆς πόλεως ἐκείνης πολλοὶ ἐπίστευσαν εἰς αὐτὸν τῶν Σαμαρειτῶν διὰ τὸν λόγον τῆς γυναικὸς μαρτυρούσης· ὅτι εἶπέ μοι πάντα ἃ ἐποίησα. ⁴⁰ Ὡς οὖν συνῆλθον [οὖν] πρὸς αὐτὸν οἱ Σαμαρεῖται, ἠρώτων αὐτὸν μεῖναι παρ' αὐτοῖς· καὶ ἔμεινεν ἐκεῖ δύο ἡμέρας. ⁴¹ Καὶ πολλῷ πλείους ἐπίστευαν διὰ τὸν λόγον αὐτοῦ, ⁴² τῇ τε γυναικὶ ἔλεγον ⟨ ὅτι ⟩ οὐκέτι διὰ τὴν λαλιάν σου πιστεύομεν· αὐτοὶ γὰρ ἀκηκόαμεν καὶ οἴδαμεν ὅτι οὗτός ἐστιν ἀληθῶς ὁ σωτὴρ τοῦ κόσμου.

⁴³ Μετὰ δὲ τὰς δύο ἡμέρας ἐξῆλθεν ἐκεῖθεν εἰς τὴν Γαλιλαίαν. ⁴⁴ Αὐτὸς γὰρ Ἰησοῦς ἐμαρτύρησεν ὅτι προφήτης ἐν τῇ ἰδίᾳ πατρίδι τιμὴν οὐκ ἔχει. ⁴⁵ Ὅτε οὖν

l Cristo? ». ³⁰ Molti uscirono dalla città e andarono
la lui. ³¹ Intanto i discepoli lo pregano, dicendo:
« Maestro, mangia ». ³² Ma Gesú cosí risponde: « Io
mi nutro di un cibo che voi non conoscete ». ³³ I di-
cepoli perciò dicevano fra loro: « Forse qualcuno gli
ha portato da mangiare? ». ³⁴ E Gesú disse: « Il mio
cibo è questo: fare la volontà di colui che mi ha mandato, e compiere la sua opera. ³⁵ Non dite voi che
mancano ancora quattro mesi per la mietitura? Ecco,
io vi dico: Alzate gli occhi, e guardate i campi: già
biancheggiano per le messi. ³⁶ Chi miete riceve subito il compenso e raccoglie il frutto per la vita eterna; cosí chi semina e chi miete hanno uguale gioia.
⁷ Ora il proverbio: — Altri semina e altri raccoglie
— è vero in questo: ³⁸ che io vi ho mandato a mietere
ciò che non vi è costato fatica; altri hanno lavorato
senza riposo, e voi godete del loro lavoro ». ³⁹ Molti
Samaritani di quella città credettero in lui per le parole della donna, la quale affermava: « Egli mi ha
detto tutto ciò che ho fatto ». ⁴⁰ Quando i Samaritani
giunsero presso Gesú, lo pregarono di restare con loro: ed egli si trattenne là due giorni. ⁴¹ E molti piú
ancora credettero per la parola di Gesú: ⁴² e dicevano
alla donna: « Noi non crediamo piú per quello che ci
hai detto, ma perché abbiamo udito noi stessi, e sappiamo che egli è veramente il Salvatore del mondo ».

SECONDO MIRACOLO DI GESÚ
IN CANA DI GALILEA

⁴³ Due giorni dopo Gesú partí dalla Samaria per la
Galilea. ⁴⁴ Egli stesso aveva affermato che un profeta
non riceve onore nella sua patria. ⁴⁵ Quando vi giunse

ἦλθεν εἰς τὴν Γαλιλαίαν, ἐδέξαντο αὐτὸν οἱ Γαλιλαῖο
πάντα ἑωρακότες ὅσα ἐποίησεν ἐν Ἱεροσολύμοις ἐν τ
ἑορτῇ· καὶ αὐτοὶ γὰρ ἦλθον εἰς τὴν ἑορτήν. 46 Ἦλθε
οὖν πάλιν ἐν Κανᾶ τῆς Γαλιλαίας, ὅπου ἐποίησε τὸ ὕδω
οἶνον. καὶ ἦν τις βασιλικὸς οὗ ὁ υἱὸς ἠσθένει ἐν Καφαρ
ναούμ· 47 οὗτος ἀκούσας ὅτι Ἰησοῦς ἥκει ἐκ τῆς Ἰου
δαίας εἰς τὴν Γαλιλαίαν, [ἀν]απῆλθε πρὸς αὐτὸν καὶ ἠρώτ
ἵνα καταβῇ καὶ ἰάσηται αὐτοῦ τὸν υἱόν· ἤμελλε γὰρ ἀπο
θνήσκειν. 48 Εἶπεν οὖν ὁ Ἰησοῦς πρὸς αὐτόν· ἐὰν μ
σημεῖα καὶ τέρατα ἴδητε, οὐ μὴ πιστεύσητε. 49 Λέγ
πρὸς αὐτὸν ὁ βασιλικός· κύριε, κατάβηθι πρὶν ἀποθα
νεῖν τὸ παιδίον μου. 50 Λέγει αὐτῷ ὁ Ἰησοῦς· πορεύου
ὁ υἱός σου ζῇ. ἐπίστευσεν ὁ ἄνθρωπος τῷ λόγῳ ὃν ε
πεν αὐτῷ ὁ Ἰησοῦς, καὶ ἐπορεύετο. 51 Ἤδη δὲ αὐτο
καταβαίνοντος, οἱ δοῦλοι αὐτοῦ ὑπήντησαν αὐτῷ λέγο
τες ὅτι ὁ παῖς αὐτοῦ ζῇ. 52 Ἐπύθετο οὖν τὴν ὥρα
ἐκείνην ἐν ᾗ κομψότερον. ἔσχεν· εἶπον οὖν αὐτῷ ὅτι ἐχ
θὲς ὥραν ἑβδόμην ἀφῆκεν αὐτὸν ὁ πυρετός. 53 Ἔγν
οὖν ὁ πατὴρ ὅτι ἐκείνῃ τῇ ὥρᾳ ἐν ᾗ εἶπεν αὐτῷ ὁ Ἰ
σοῦς· ὁ υἱός σου ζῇ· καὶ ἐπίστευσεν αὐτὸς καὶ ἡ οἰκ
αὐτοῦ ὅλη. 54 Τοῦτο δὲ πάλιν δεύτερον σημεῖον ἐποίη
σεν ὁ Ἰησοῦς ἐλθὼν ἐκ τῆς Ἰουδαίας εἰς τὴν Γαλιλαία

5. — 1 Μετὰ ταῦτα ἦν ἑορτὴ τῶν Ἰουδαίων, καὶ ἀνέβ
Ἰησοῦς εἰς Ἱεροσόλυμα. 2 Ἔστι δὲ ἐν τοῖς Ἱεροσ
λύμοις ἐπὶ τῇ προβατικῇ κολυμβήθρα. ἡ ἐπιλεγομέν
ἑβραϊστὶ Βηθσαιδά. πέντε στοὰς ἔχουσα. 3 Ἐν τα
ταις κατέκειτο πλῆθος τῶν ἀσθενούντων, τυφλῶν, χ
λῶν, ξηρῶν. ἐκδεχομένων τὴν τοῦ ὕδατος κίνησιν.
Ἄγγελος γὰρ κυρίου κατὰ καιρὸν κατέβαινεν ἐν τῇ κ

u accolto dai Galilei che avevano visto ciò che egli
aveva compiuto a Gerusalemme durante la festa; perché anche loro vi erano andati.
[46] Ritornò, dunque, a Cana di Galilea, dove aveva
mutato l'acqua in vino. C'era là un pubblico ufficiale
che aveva il figlio ammalato a Cafarnao. [47] Avendo
egli saputo che Gesú dalla Giudea era tornato in Galilea, si recò da Gesú e lo pregò di scendere a Cafarnao per guarire suo figlio che stava per morire. [48] Gesú gli disse: « Se non vedete dei segni e dei miracoli,
voi non credete ». [49] Ed egli rispose: « Signore, di-
scendi prima che mio figlio muoia ». [50] E Gesú gli
disse: « Va, tuo figlio vive ». Egli credette alle parole
di Gesú e si mise in cammino. [51] Mentre scendeva ver-
o Cafarnao, i servi gli vennero incontro e gli dissero:
Tuo figlio vive ». [52] Egli domandò quando aveva cominciato a migliorare; ed essi risposero: « La febbre
o lasciò ieri all'ora settima ». [53] Il padre riconobbe
che proprio a quell'ora Gesú gli aveva detto: « Tuo
figlio vive ». E credette: e con lui tutta la sua casa.
[54] Questo nuovo miracolo fu il secondo che Gesú fe-
e tornando dalla Giudea in Galilea.

L'INFERMO
DELLA PISCINA BETSAIDA

V — [1] Dopo qualche tempo, nel giorno festivo dei
Giudei, Gesú andò a Gerusalemme. [2] Nella città, pres-
o la porta delle Pecore, c'era una piscina con cinque
portici, chiamata in ebraico Betsaida. [3] Sotto questi
portici giaceva un gran numero di ammalati, di ciechi,
di zoppi, di consunti, che aspettavano il moto del-
'acqua [4] perché un angelo del Signore ogni tanto

λυμβήθρα καὶ ἐτάρασσε τὸ ὕδωρ· ὁ οὖν πρῶτος ἐμβὰ
μετὰ τὴν ταραχὴν τοῦ ὕδατος ὑγιὴς ἐγίνετο, ᾧ δήποτ
κατείχετο νοσήματι. ⁵ ᵗΗν δέ τις ἄνθρωπος ἐκεῖ τριά
κοντα ὀκτὼ ἔτη ἔχων ἐν τῇ ἀσθενείᾳ αὐτοῦ· ⁶ τοῦτο
ἰδὼν ὁ Ἰησοῦς κατακείμενον, καὶ γνοὺς ὅτι πολὺν ἤδ
χρόνον ἔχει, λέγει αὐτῷ· θέλεις ὑγιὴς γενέσθαι; ⁷ ἀπε
κρίθη αὐτῷ ὁ ἀσθενῶν· κύριε, ἄνθρωπον οὐκ ἔχω, ἵν
ὅταν ταραχθῇ τὸ ὕδωρ βάλῃ με εἰς τὴν κολυμβήθραν
ἐν ᾧ δὲ ἔρχομαι ἐγώ, ἄλλος πρὸ ἐμοῦ καταβαίνει.
Λέγει αὐτῷ ὁ Ἰησοῦς· ἔγειρε ἆρον τὸν κράβαττόν σο
καὶ περιπάτει.

⁹ Καὶ εὐθέως ἐγένετο ὑγιὴς ὁ ἄνθρωπος, καὶ ἦρ
τὸν κράβαττον αὐτοῦ, καὶ περιεπάτει· ἦν δὲ σάββατο
ἐν ἐκείνῃ τῇ ἡμέρᾳ.

¹⁰ ᾿Ελεγον οὖν οἱ Ἰουδαῖοι τῷ τεθεραπευμένῳ· σάβ
βατόν ἐστι, καὶ οὐκ ἔξεστί σοι ἆραι τὸν κράβαττον.
¹¹ ῝Ος δὲ ἀπεκρίθη αὐτοῖς· ὁ ποιήσας με ὑγιῆ, ἐκεῖνο
μοι εἶπεν· ἆρον τὸν κράβαττόν σου καὶ περιπάτει.
Ἠρώτησαν αὐτόν· τίς ἐστιν ὁ ἄνθρωπος ὁ εἰπών σο
ἆρον καὶ περιπάτει; ¹³ ὁ δὲ ἰαθεὶς οὐκ ᾔδει τίς ἐστι
ὁ γὰρ Ἰησοῦς ἐξένευσεν ὄχλου ὄντος ἐν τῷ τόπῳ.
Μετὰ ταῦτα εὑρίσκει αὐτὸν Ἰησοῦς ἐν τῷ ἱερῷ καὶ εἶπ
αὐτῷ· ἴδε ὑγιὴς γέγονας· μηκέτι ἁμάρτανε, ἵνα μὴ χε
ρον σοί τι γένηται.
¹⁵ ᾿Απῆλθεν ὁ ἄνθρωπος καὶ ἀνήγγειλε τοῖς Ἰο
δαίοις ὅτι Ἰησοῦς ἐστιν ὁ ποιήσας αὐτὸν ὑγιῆ.

¹⁶ Καὶ διὰ τοῦτο ἐδίωκον οἱ Ἰουδαῖοι τὸν Ἰησοῦ
ὅτι ταῦτα ἐποίει ἐν σαββάτῳ· ¹⁷ Ὁ δέ ἀπεκρίνατο α
τοῖς· ὁ πατήρ μου ἕως ἄρτι ἐργάζεται, κἀγὼ ἐργάζομα

scendeva nella piscina e agitava l'acqua. Allora il primo che si tuffava dopo il movimento dell'acqua, era guarito, qualunque fosse il suo male. ⁵ C'era, fra gli altri, un uomo infermo da trentotto anni. ⁶ Gesú lo vide sdraiato, e avendo saputo che stava là da molto tempo, gli domandò: « Vuoi essere guarito? ». ⁷ L'infermo rispose: « Signore, io non ho nessuno che mi metta nella vasca quando l'acqua viene agitata: mentre io sto per giungervi, un altro vi discende prima di me ». ⁸ Gesú gli disse: « Alzati, prendi il tuo giaciglio e cammina ». ⁹ Ed ecco, l'uomo guarí; e, preso il giaciglio, cominciò a camminare.

Quel giorno era sabato; ¹⁰ e perciò i Giudei dissero a colui che era stato guarito: « Oggi è sabato, e non ti è permesso di portare quel giaciglio ». ¹¹ Egli rispose: « Chi mi ha fatto guarire, mi disse: — Prendi il tuo giaciglio e cammina. — ¹² Essi gli domandarono: « Chi è quell'uomo che ti disse: — Alzati e cammina — ? » ¹³ Ma colui che era stato guarito non lo sapeva perché Gesú si era allontanato dalla folla che si trovava in quel luogo. ¹⁴ Gesú lo ritrovò poi nel tempio, e gli disse: « Ecco, tu sei guarito: non peccare piú, affinché non ti avvenga di peggio ».

¹⁵ L'uomo uscí dal tempio e andò a dire ai Giudei che colui che lo aveva fatto guarire era Gesú.

LE OPERE DEL PADRE E QUELLE
DEL FIGLIO

¹⁶ E poiché i Giudei accusavano Gesú di non rispettare il sabato, ¹⁷ Gesú rispose loro: « Il Padre mio è intento alla sua opera in ogni ora: e io faccio lo stesso ».

¹⁸ διὰ τοῦτο οὖν μᾶλλον ἐζήτουν αὐτὸν οἱ Ἰουδαῖοι ἀποκτεῖναι, ὅτι οὐ μόνον ἔλυε τὸ σάββατον, ἀλλὰ καὶ πατέρα ἴδιον ἔλεγε τὸν θεόν, ἴσον ἑαυτὸν ποιῶν τῷ θεῷ.

¹⁹ Ἀπεκρίνατο οὖν καὶ ἔλεγεν αὐτοῖς· ἀμὴν ἀμὴν λέγω ὑμῖν, οὐ δύναται ὁ υἱὸς ποιεῖν ἀφ᾽ ἑαυτοῦ οὐδέν, ἂν μή τι βλέπῃ τὸν πατέρα ποιοῦντα· ἃ γὰρ ἂν ἐκεῖνος ποιῇ, ταῦτα καὶ ὁ υἱὸς ὁμοίως ποιεῖ· ²⁰ ὁ γὰρ πατὴρ φιλεῖ τὸν υἱὸν καὶ πάντα δείκνυσιν αὐτῷ ἃ αὐτὸς ποιεῖ, καὶ μείζονα τούτων δείξει αὐτῷ ἔργα, ἵνα ὑμεῖς θαυμάζητε. ²¹ Ὥσπερ γὰρ ὁ πατὴρ ἐγείρει τοὺς νεκροὺς καὶ ζωοποιεῖ, οὕτως καὶ ὁ υἱὸς οὓς θέλει ζωοποιεῖ. ²² Οὐδὲ γὰρ ὁ πατὴρ κρίνει οὐδένα, ἀλλὰ τὴν κρίσιν πᾶσαν δέδωκε τῷ υἱῷ, ²³ ἵνα πάντες τιμῶσι τὸν υἱὸν καθὼς τιμῶσι τὸν πατέρα. ὁ μὴ τιμῶν τὸν υἱὸν οὐ τιμᾷ τὸν πατέρα τὸν πέμψαντα αὐτόν. ²⁴ Ἀμὴν ἀμὴν λέγω ὑμῖν ὅτι ὁ τὸν λόγον μου ἀκούων καὶ πιστεύων τῷ πέμψαντί με ἔχει ζωὴν αἰώνιον, καὶ εἰς κρίσιν οὐκ ἔρχεται ἀλλὰ μεταβέβηκεν ἐκ τοῦ θανάτου εἰς τὴν ζωήν. ²⁵ Ἀμὴν ἀμὴν λέγω ὑμῖν ὅτι ἔρχεται ὥρα καὶ νῦν ἐστιν ὅτε οἱ νεκροὶ ἀκούσουσι τῆς φωνῆς τοῦ υἱοῦ τοῦ θεοῦ καὶ οἱ ἀκούσαντες ζήσουσιν.

²⁶ Ὥσπερ γὰρ ὁ πατὴρ ἔχει ζωὴν ἐν ἑαυτῷ, οὕτως καὶ τῷ υἱῷ ἔδωκε ζωὴν ἔχειν ἐν ἑαυτῷ, ²⁷ καὶ ἐξουσίαν ἔδωκεν αὐτῷ κρίσιν ποιεῖν, ὅτι υἱὸς ἀνθρώπου ἐστί.

²⁸ Μὴ θαυμάζετε τοῦτο, ὅτι ἔρχεται ὥρα ἐν ᾗ πάντες οἱ ἐν τοῖς μνημείοις ἀκούσουσι τῆς φωνῆς αὐτοῦ ²⁹ καὶ ἐκπορεύσονται οἱ τὰ ἀγαθὰ ποιήσαντες εἰς ἀνάστασιν ζωῆς, οἱ τὰ φαῦλα πράξαντες εἰς ἀνάστασιν κρίσεως.

³⁰ Οὐ δύναμαι ἐγὼ ποιεῖν ἀπ᾽ ἐμαυτοῦ οὐδέν· καθὼς ἀκούω κρίνω, καὶ ἡ κρίσις ἡ ἐμὴ δικαία ἐστίν, ὅτι ο᾽

[18] Ora i Giudei cercavano ancor piú di farlo condannare a morte perché non solo non osservava il sabato, ma diceva pure di essere figlio di Dio, e si considerava uguale a Dio.

[19] E Gesú disse ancora: « In verità, in verità vi dico che il Figlio, non può fare alcuna cosa da sé, ma solo quello che vede fare dal Padre: poiché quello che fa il Padre, ugualmente fa il Figlio. [20] Infatti, il Padre ama il Figlio, e gli fa vedere tutto ciò che fa; e gli farà vedere delle opere anche maggiori di queste, tanto che ne resterete meravigliati. [21] Come il Padre risveglia i morti e li fa rivivere, cosí il Figlio risuscita quelli che lui vuole. [22] Il Padre non giudica nessuno, ma lascia che giudichi il Figlio, [23] affinché tutti onorino il Figlio come onorano il Padre. Chi non onora il Figlio non onora il Padre che l'ha mandato. [24] In verità, in verità vi dico che chi ascolta la mia parola e crede in colui che mi ha mandato ha la vita eterna e non subisce giudizio, ma dalla morte è già passato alla vita. [25] In verità, in verità vi dico: l'ora viene, anzi è questa, in cui i morti udranno la voce del Figlio di Dio, e coloro che l'avranno ascoltata vivranno.

[26] Come il Padre ha la vita in sé, cosí ha dato al Figlio di avere in sé la vita, [27] e gli ha dato il potere di giudicare perché è Figlio dell'uomo.

[28] Non vi meravigliate di questo, perché l'ora viene in cui quelli che stanno nei sepolcri udranno la sua voce [29] e verranno fuori: quelli che hanno fatto il bene risorgeranno alla vita, quelli che hanno fatto il male risorgeranno per essere giudicati.

[30] Io non posso fare alcuna cosa da me stesso; giudico secondo quello che ascolto; e la mia condanna

ζητῶ τὸ θέλημα τὸ ἐμὸν ἀλλὰ τὸ θέλημα τοῦ πέμψαντός με. ³¹ Ἐὰν ἐγὼ μαρτυρῶ περὶ ἐμαυτοῦ, ἡ μαρτυρία μου οὐκ ἔστιν ἀληθής· ³² ἄλλος ἐστὶν ὁ μαρτυρῶν περὶ ἐμοῦ, καὶ οἶδα ὅτι ἀληθής ἐστιν ἡ μαρτυρία ἣν μαρτυρεῖ περὶ ἐμοῦ. ³³ Ὑμεῖς ἀπεστάλκατε πρὸς Ἰωάνην, καὶ μεμαρτύρηκε τῇ ἀληθείᾳ· ³⁴ ἐγὼ δὲ οὐ παρὰ ἀνθρώπου τὴν μαρτυρίαν λαμβάνω, ἀλλὰ ταῦτα λέγω ἵνα ὑμεῖς σωθῆτε. ³⁵ Ἐκεῖνος ἦν ὁ λύχνος ὁ καιόμενος καὶ φαίνων, ὑμεῖς δὲ ἠθελήσατε ἀγαλλιαθῆναι πρὸς ὥραν ἐν τῷ φωτὶ αὐτοῦ. ³⁶ Ἐγὼ δὲ ἔχω τὴν μαρτυρίαν μείζω τοῦ Ἰωάνου· τὰ γὰρ ἔργα ἃ δέδωκέ μοι ὁ πατὴρ ἵνα τελειώσω αὐτά, αὐτὰ τὰ ἔργα ἃ ποιῶ, μαρτυρεῖ περὶ ἐμοῦ ὅτι ὁ πατήρ με ἀπέσταλκε. ³⁷ Καὶ ὁ πέμψας με πατήρ, ἐκεῖνος μεμαρτύρηκε περὶ ἐμοῦ. οὔτε φωνὴν αὐτοῦ πώποτε ἀκηκόατε οὔτε εἶδος αὐτοῦ ἑωράκατε, ³⁸ καὶ τὸν λόγον αὐτοῦ οὐκ ἔχετε ἐν ὑμῖν μένοντα, ὅτι ὃν ἀπέστειλεν ἐκεῖνος τούτῳ ὑμεῖς οὐ πιστεύετε. ³⁹ Ἐραυνᾶτε τὰς γραφάς, ὅτι ὑμεῖς δοκεῖτε ἐν αὐταῖς ζωὴν αἰώνιον ἔχειν· καὶ ἐκεῖναί εἰσιν αἱ μαρτυροῦσαι περὶ ἐμοῦ. ⁴⁰ καὶ οὐ θέλετε ἐλθεῖν πρός με ἵνα ζωὴν ἔχητε. ⁴¹ Δόξαν παρὰ ἀνθρώπων οὐ λαμβάνω. ⁴² ἀλλὰ ἔγνωκα ὑμᾶς ὅτι τὴν ἀγάπην τοῦ θεοῦ οὐκ ἔχετε ἐν ἑαυτοῖς. ⁴³ Ἐγὼ ἐλήλυθα ἐν τῷ ὀνόματι τοῦ πατρός μου, καὶ οὐ λαμβάνετέ με· ἐὰν ἄλλος ἔλθῃ ἐν τῷ ὀνόματι τῷ ἰδίῳ, ἐκεῖνον λήμψεσθε. ⁴⁴ Πῶς δύνασθε ὑμεῖς πιστεῦσαι, δόξαν παρὰ ἀλλήλων λαμβάνοντες, καὶ τὴν δόξαν τὴν παρὰ τοῦ μόνου ⟨θεοῦ⟩ οὐ ζητεῖτε; ⁴⁵ μὴ δοκεῖτε ὅτι ἐγὼ κατηγορήσω ὑμῶν πρὸς τὸν πατέρα· ἔστιν ὁ κατηγορῶν ὑμῶν [πρὸς τὸν πατέρα] Μωϋσῆς, εἰς ὃν ὑμεῖς ἠλπίκατε. ⁴⁶ Εἰ γὰρ ἐπιστεύετε Μωϋσεῖ, ἐπιστεύετε ἂν ἐμοί· περὶ γὰρ ἐμοῦ ἐκεῖνος ἔγραψεν. ⁴⁷ Εἰ δὲ τοῖς ἐκείνου γράμμασιν οὐ πιστεύετε, πῶς τοῖς ἐμοῖς ῥήμασι πιστεύετε;

è giusta, perché non seguo la mia volontà, ma quella
di colui che mi ha mandato.

[31] Se io testimonio per me stesso, la mia testimonianza non è valida; [32] ma un altro testimonia per
me, e io so che egli con la sua testimonianza afferma
la verità. [33] Voi avete mandato a interrogare Giovanni, ed egli ha affermato la verità. [34] Io però non
ricevo testimonianza da un uomo, ma vi dico questo
per la vostra salvezza. [35] Egli era la lampada accesa
che illumina, e voi avete voluto godere per poco tempo la sua luce. [36] Ma io ho una testimonianza maggiore di quella di Giovanni; infatti le opere che il
Padre mi ha affidato, cioè quelle che io compio, pro-
vano che il Padre è colui che mi ha mandato. [37] E
il Padre che mi ha mandato, mi ha reso testimonianza.
Voi non avete mai udito la sua voce, né visto il suo
volto, [38] né avete dentro di voi la sua parola; e perciò
non credete in colui che egli ha mandato. [39] Voi leg-
gete con attenzione le Scritture, perché pensate di
poter avere da esse la vita eterna: e proprio le Scritture testimoniano per me: [40] ma voi non volete venire con me per avere la vita. [41] Nessuna gloria mi
viene dagli uomini: [42] ormai vi conosco: non avete
in voi l'amore di Dio. [43] Io sono venuto in nome del
Padre mio, e non mi ricevete: se un altro venisse
da voi in nome proprio, lo ricevereste. [44] Come potete credere, voi, che amate glorificarvi l'un l'altro,
e non cercate la gloria che viene dall'unico Dio?
[45] Non pensate che io vi accusi davanti al Padre; il
vostro accusatore è Mosè, nel quale sperate. [46] Ma
se la vostra fede in Mosè fosse vera, dovreste credere
anche in me, dato che egli scrisse di me. [47] E se non
credete ai suoi scritti, come crederete alle mie parole?

6. — ¹ Μετὰ ταῦτα ἀπῆλθεν ὁ Ἰησοῦς πέραν τῆς
θαλάσσης τῆς Γαλιλαίας τῆς Τιβεριάδος· ² ἠκολούθει
δὲ αὐτῷ ὄχλος πολύς, ὅτι ἐθεώρουν τὰ σημεῖα ἃ ἐποίει
ἐπὶ τῶν ἀσθενούντων.
³ Ἀνῆλθε δέ εἰς τὸ ὄρος Ἰησοῦς, καὶ ἐκεῖ ἐκάθητο
μετὰ τῶν μαθητῶν αὐτοῦ. ⁴ ᵀ Ἦν δὲ ἐγγὺς τὸ πάσχα,
ἡ ἑορτὴ τῶν Ἰουδαίων. ⁵ Ἐπάρας οὖν τοὺς ὀφθαλμοὺς
ὁ Ἰησοῦς καὶ θεασάμενος ὅτι πολὺς ὄχλος ἔρχεται πρὸς
αὐτόν, λέγει πρὸς Φίλιππον· πόθεν ἀγοράσωμεν ἄρτους ἵνα φάγωσιν οὗτοι; ⁶ τοῦτο δὲ ἔλεγε πειράζων
αὐτόν· αὐτὸς γὰρ ᾔδει τί ἔμελλε ποιεῖν. ⁷ Ἀπεκρίθη
αὐτῷ Φίλιππος· διακοσίων δηναρίων ἄρτοι οὐκ ἀρκοῦσιν
αὐτοῖς, ἵνα ἕκαστος βραχύ τι λάβῃ.
⁸ Λέγει αὐτῷ εἷς ἐκ τῶν μαθητῶν αὐτοῦ, Ἀνδρέας ὁ
ἀδελφὸς Σίμωνος Πέτρου· ⁹ ἔστι παιδάριον ὧδε ὃς
ἔχει πέντε ἄρτους κριθίνους καὶ δύο ὀψάρια· ἀλλὰ ταῦτα
τί ἐστιν εἰς τοσούτους; ¹⁰ εἶπεν ὁ Ἰησοῦς· ποιήσατε
τοὺς ἀνθρώπους ἀναπεσεῖν. ἦν δὲ χόρτος πολὺς ἐν τῷ
τόπῳ. ἀνέπεσαν οὖν οἱ ἄνδρες τὸν ἀριθμὸν ὡς πεντα-
κισχίλιοι. ¹¹ Ἔλαβεν οὖν τοὺς ἄρτους ὁ Ἰησοῦς καὶ
εὐχαριστήσας διέδωκε τοῖς ἀνακειμένοις, ὁμοίως καὶ ἐκ
τῶν ὀψαρίων ὅσον ἤθελον. ¹² Ὡς δὲ ἐνεπλήσθησαν,
λέγει τοῖς μαθηταῖς αὐτοῦ· συναγάγετε τὰ περισσεύοντα
κλάσματα, ἵνα μή τι ἀπόληται. ¹³ Συνήγαγον οὖν, καὶ
ἐγέμισαν δώδεκα κοφίνους κλασμάτων ἐκ τῶν πέντε ἄρτων τῶν κριθίνων ἃ ἐπερίσσευσαν τοῖς βεβρωκόσιν.
¹⁴ Οἱ οὖν ἄνθρωποι ἰδόντες ἃ ἐποίησε σημεῖα ἔλεγον
ὅτι οὗτός ἐστιν ἀληθῶς ὁ προφήτης ὁ ἐρχόμενος εἰς τὸν

IL MIRACOLO
DEI PANI E DEI PESCI

VI — ¹ Dopo qualche tempo, Gesú passò all'altra riva del mare di Galilea o di Tiberiade; ² e moltissimi lo seguivano, vedendo i miracoli che egli operava sugli infermi.

³ Ora, Gesú era salito su un'altura, e sedeva là con i suoi discepoli, ⁴ (era vicina la Pasqua, la festa dei Giudei) ⁵ quando, alzati gli occhi, vide la folla che era venuta dietro a lui. Disse allora a Filippo: « Dove compreremo il pane perché tutta questa gente possa mangiare? ⁶ Gesú disse questo per mettere Filippo alla prova: perché egli sapeva quello che avrebbe fatto tra poco. ⁷ Filippo gli rispose: « Duecento denari di pane non sarebbero nemmeno sufficienti per darne a ciascuno un piccolo pezzo ». ⁸ Ma uno dei discepoli, Andrea, il fratello di Simon Pietro, disse a Gesú: ⁹ « C'è qui un bambino che ha cinque pani d'orzo e due pesci; ma come possono bastare per tutti? ». ¹⁰ Gesú disse: « Fate riposare quella gente ». (In quel luogo c'era molta erba.) Si misero, dunque, a sedere: il loro numero era di circa cinquemila. ¹¹ Allora Gesú prese i pani e, dopo aver reso grazie, li distribuí a coloro che erano seduti. Cosí fece dei pesci; e ciascuno ne ebbe quanti ne volle. ¹² Quando tutti furono sazi, Gesú disse ai discepoli: « Raccogliete gli avanzi, perché nulla si disperda ». ¹³ Ed essi li raccolsero, e con quello che dei cinque pani d'orzo era rimasto a coloro che avevano mangiato, riempirono dodici ceste.

¹⁴ Ora, tutta quella gente che aveva visto il miracolo di Gesú, diceva: « Questo è veramente il profeta

κόσμον. ¹⁵ Ἰησοῦς οὖν γνοὺς ὅτι μέλλουσιν ἔρχεσθαι καὶ ἁρπάζειν αὐτὸν ἵνα ποιήσωσι βασιλέα, ἀνεχώρησε πάλιν εἰς τὸ ὄρος αὐτὸς μόνος.

¹⁶ Ὡς δὲ ὀψία ἐγένετο, κατέβησαν οἱ μαθηταὶ αὐτοῦ ἐπὶ τὴν θάλασσαν, ¹⁷ καὶ ἐμβάντες εἰς πλοῖον ἤρχοντο πέραν τῆς θαλάσσης εἰς Καφαρναούμ. καὶ σκοτία ἤδη ἐγεγόνει καὶ οὔπω πρὸς αὐτοὺς ἐληλύθει ὁ Ἰησοῦς, ¹⁸ ἥ τε θάλασσα ἀνέμου μεγάλου πνέοντος διηγείρετο. ¹⁹ Ἐληλακότες οὖν ὡς σταδίους εἴκοσι πέντε ἢ τριάκοντα θεωροῦσι τὸν Ἰησοῦν περιπατοῦντα ἐπὶ τῆς θαλάσσης καὶ ἐγγὺς τοῦ πλοίου γινόμενον, καὶ ἐφοβήθησαν. ²⁰ Ὁ δὲ λέγει αὐτοῖς· ἐγώ εἰμι, μὴ φοβεῖσθε. ²¹ Ἤθελον οὖν λαβεῖν αὐτὸν εἰς τὸ πλοῖον, καὶ εὐθέως ἐγένετο τὸ πλοῖον ἐπὶ τῆς γῆς εἰς ἣν ὑπῆγον.

²² Τῇ ἐπαύριον ὁ ὄχλος ὁ ἑστηκὼς πέραν τῆς θαλάσσης εἶδον ὅτι πλοιάριον ἄλλο οὐκ ἦν ἐκεῖ εἰ μὴ ἕν, καὶ ὅτι οὐ συνεισῆλθε τοῖς μαθηταῖς αὐτοῦ ὁ Ἰησοῦς εἰς τὸ πλοῖον ἀλλὰ μόνοι οἱ μαθηταὶ αὐτοῦ ἀπῆλθον· ²³ ἄλλα ἦλθε πλοῖα ἐκ τῆς Τιβεριάδος ἐγγὺς τοῦ τόπου ὅπου ἔφαγον τὸν ἄρτον εὐχαριστήσαντος τοῦ κυρίου. ²⁴ Ὅτε οὖν εἶδεν ὁ ὄχλος ὅτι Ἰησοῦς οὐκ ἔστιν ἐκεῖ οὐδὲ οἱ μαθηταὶ αὐτοῦ, ἐνέβησαν αὐτοὶ εἰς τὰ πλοιάρια καὶ ἦλθον εἰς Καφαρναοὺμ ζητοῦντες τὸν Ἰησοῦν. ²⁵ Καὶ εὑρόντες αὐτὸν πέραν τῆς θαλάσσης εἶπον αὐτῷ· ῥαββεί, πότε ὧδε γέγονας; ²⁶ ἀπεκρίθη αὐτοῖς ὁ Ἰησοῦς καὶ εἶπεν· ἀμὴν ἀμὴν λέγω ὑμῖν, ζητεῖτέ με οὐχ

che deve venire nel mondo ». [15] Gesú, saputo quindi
che sarebbero venuti a prenderlo per farlo re, si ritirò
solo, ancora sul monte.

GESÚ CAMMINA
SUL MARE DI TIBERIADE

[16] Quando venne la sera, i discepoli scesero al mare,
[17] e, con una barca, si allontanarono verso la riva
opposta in direzione di Cafarnao. Già s'era fatto buio
e ancora Gesú non li aveva raggiunti; [18] e il mare
era agitato da un forte vento. [19] Dopo aver remato
per circa venticinque o trenta stadi, i discepoli videro
Gesú camminare sul mare e avvicinarsi alla barca; ed
ebbero paura. [20] Ma egli disse loro: « Sono io, non
temete ». [21] Essi allora lo vollero prendere nella barca; ed ecco che nello stesso momento la barca fu
nella terra verso la quale era diretta.

IL VERO PANE CELESTE

[22] Il giorno dopo, la folla rimasta sull'altra riva
del mare, seppe che là c'era soltanto una barca e che
in quella Gesú non era andato con i suoi discepoli,
ma che essi erano partiti soli. [23] Alcune barche, intanto, erano giunte da Tiberiade, vicino al luogo
dove la folla aveva mangiato il pane, dopo che il
Signore aveva reso grazie. [24] La gente, allora, visto
che là non si trovavano né Gesú, né i suoi discepoli,
salí in quelle barche e si diresse a Cafarnao per cer
care Gesú. [25] Lo trovarono infatti sulla riva opposta
del mare, e gli dissero: « Maestro, quando sei giunto
qui? ». [26] Gesú rispose loro: « In verità, in verità vi
dico che voi non mi cercate perché avete visto dei

ὅτι εἴδετε σημεῖα, ἀλλ᾽ ὅτι ἐφάγετε ἐκ τῶν ἄρτων καὶ ἐχορτάσθητε. [27] Ἐργάζεσθε μὴ τὴν βρῶσιν τὴν ἀπολλυμένην, ἀλλὰ τὴν βρῶσιν τὴν μένουσαν εἰς αἰώνιον, ἣν ὁ υἱὸς τοῦ ἀνθρώπου ὑμῖν δώσει· τοῦτον γὰρ ὁ πατὴρ ἐσφράγισεν ὁ θεός. [28] Εἶπον οὖν πρὸς αὐτόν· τί ποιῶμεν ἵνα ἐργαζώμεθα τὰ ἔργα τοῦ θεοῦ; [29] ἀπεκρίθη ὁ Ἰησοῦς καὶ εἶπεν αὐτοῖς· τοῦτό ἐστι τὸ ἔργον τοῦ θεοῦ, ἵνα πιστεύητε εἰς ὃν ἀπέστειλεν ἐκεῖνος. [30] Εἶπον οὖν αὐτῷ· τί οὖν ποιεῖς σὺ σημεῖον, ἵνα ἴδωμεν καὶ πιστεύσωμέν σοι; τί ἐργάζῃ; [31] οἱ πατέρες ἡμῶν τὸ μάννα ἔφαγον ἐν τῇ ἐρήμῳ, καθώς ἐστι γεγραμμένον· ἄρτον ἐκ τοῦ οὐρανοῦ ἔδωκεν αὐτοῖς φαγεῖν.

[32] Εἶπεν οὖν αὐτοῖς ὁ Ἰησοῦς· ἀμὴν ἀμὴν λέγω ὑμῖν, οὐ Μωϋσῆς ἔδωκεν ὑμῖν τὸν ἄρτον ἐκ τοῦ οὐρανοῦ, ἀλλ᾽ ὁ πατήρ μου δίδωσιν ὑμῖν τὸν ἄρτον ἐκ τοῦ οὐρανοῦ τὸν ἀληθινόν. [33] ὁ γὰρ ἄρτος τοῦ θεοῦ ἐστιν ὁ καταβαίνων ἐκ τοῦ οὐρανοῦ καὶ ζωὴν διδοὺς τῷ κόσμῳ. [34] Εἶπον οὖν πρὸς αὐτόν· κύριε, πάντοτε δὸς ἡμῖν τὸν ἄρτον τοῦτον. [35] Εἶπεν αὐτοῖς ὁ Ἰησοῦς· ἐγώ εἰμι ὁ ἄρτος τῆς ζωῆς· ὁ ἐρχόμενος πρὸς ἐμὲ οὐ μὴ πεινάσῃ, καὶ ὁ πιστεύων εἰς ἐμὲ οὐ μὴ διψήσει πώποτε. [36] Ἀλλ᾽ εἶπον ὑμῖν ὅτι καὶ ἑωράκατέ με καὶ οὐ πιστεύετε. [37] Πᾶν ὃ δίδωσί μοι ὁ πατὴρ πρὸς ἐμὲ ἥξει, καὶ τὸν ἐρχόμενον πρός με οὐ μὴ ἐκβάλω ἔξω, [38] ὅτι καταβέβηκα ἀπὸ τοῦ οὐρανοῦ οὐχ ἵνα ποιῶ τὸ θέλημα τὸ ἐμὸν ἀλλὰ τὸ θέλημα τοῦ πέμψαντός με. [39] Τοῦτο δέ ἐστι τὸ θέλημα τοῦ πέμψαντός με, ἵνα πᾶν ὃ δέδωκέ μοι μὴ ἀπολέσω ἐξ αὐτοῦ, ἀλλὰ ἀναστήσω αὐτὸ ⟨ἐν⟩ τῇ ἐσχάτῃ ἡμέρᾳ [40] Τοῦτο γάρ ἐστι τὸ θέλημα τοῦ πατρός μου, ἵνα πᾶς ὁ θεωρῶν τὸν υἱὸν καὶ πιστεύων εἰς αὐτὸν ἔχῃ ζωὴν αἰώνιον, καὶ ἀναστήσω αὐτὸν ἐγὼ ⟨ἐν⟩ τῇ ἐσχάτῃ ἡμέρᾳ.

[41] Ἐγόγγυζον οὖν οἱ Ἰουδαῖοι περὶ αὐτοῦ ὅτι εἶπεν· ἐγώ εἰμι ὁ ἄρτος ὁ καταβὰς ἐκ τοῦ οὐρανοῦ, [42] καὶ

miracoli, ma perché avete mangiato quei pani e vi siete saziati. [27] Voi non dovete lavorare per il cibo che si corrompe, ma per il cibo che dura in eterno. e che vi darà il Figlio dell'uomo, per il quale Dio, il Padre, ha più volte testimoniato». [28] Allora gli domandarono: «Che cosa dobbiamo fare per compiere le opere di Dio?». [29] Gesú rispose loro: «Questa è l'opera di Dio: credere in colui che egli ha mandato». [30] Gli domandarono ancora: «Che cosa fai? Quale prova dunque ci dai, perché noi possiamo convincerci e credere in te? [31] I nostri padri mangiarono la manna nel deserto, come è scritto: *Egli diede loro da mangiare il pane disceso dal cielo.*

[32] Gesú rispose: «In verità, in verità vi dico che Mosè non vi ha dato il pane del cielo, ma il Padre mio vi dà il vero pane del cielo: [33] perché pane di Dio è colui che scende dal cielo e dà la vita al mondo». [34] Gli dissero allora: «Signore, dacci dunque in ogni momento questo pane». [35] Gesú rispose loro: «Io sono il pane della vita. Chi viene con me non avrà piú fame, e chi crede in me non avrà mai piú sete. [36] Io vi ho già detto: — Voi che pure mi avete visto, non credete. — [37] Tutto quello che il Padre mi dà, giunge a me; e chi verrà da me, non sarà respinto, [38] perché io sono disceso dal cielo non per fare la mia volontà, ma quella di colui che mi ha mandato. [39] Questa è la volontà di chi mi ha mandato: che io non lasci distruggere quanto ho avuto da lui, ma lo risusciti nell'ultimo giorno. [40] Questa è infatti la volontà del Padre mio: Chi vede il Figlio e crede in lui ha la vita eterna, e io lo farò risuscitare nell'ultimo giorno». [41] Ora, i Giudei mormoravano sul conto di Gesú perché aveva affermato: — Io sono il pane disceso dal cielo, — [42] e dicevano: «Costui

έλεγον· ούχι ούτός έστιν Ιησούς ο υιός Ιωσήφ, ού ημείς
οίδαμεν τον πατέρα και την μητέρα; πως νύν λέγει ότι
έκ του ούρανού καταβέβηκα; ⁴³ απεκρίθη Ιησούς και
είπεν αύτοίς· μη γογγύζετε μετά αλλήλων. ⁴⁴ Ούδείς
δύναται έλθείν προς έμέ έάν μη ο πατήρ ο πέμψας με
έλκύση αυτόν, κάγώ αναστήσω αυτόν έν τη έσχάτη ημέρα.
⁴⁵Έστι γεγραμμένον έν τοις προφήταις· και έσονται
πάντες διδακτοί θεού· πάς ο άκούσας παρά του πατρός
και μαθών έρχεται προς έμέ. ⁴⁶ Ούχ ότι τον πατέρα
έώρακέ τις, εί μη ο ών παρά θεού, ούτος έώρακε τον
πατέρα. ⁴⁷ Αμήν αμήν λέγω υμίν, ο πιστεύων έχει
ζωήν αιώνιον. ⁴⁸ Έγώ είμι ο άρτος της ζωής. ⁴⁹ Οί
πατέρες υμών έφαγον έν τη έρήμω το μάννα και απέ-
θανον· ⁵⁰ ούτός έστιν ο άρτος ο έκ του ούρανού καταβαίνων. ίνα τις έξ αυτού φάγη και μη αποθνήσκη. ⁵¹
Έγώ είμι ο άρτος ο ζών ο έκ του ούρανού καταβάς·
έάν τις φάγη έκ τούτου του άρτου, ζήσεται είς αιώνα· και
ο άρτος δε ον έγώ δώσω η σάρξ μού έστιν υπέρ της του
κόσμου ζωής. ⁵² Έμάχοντο ούν προς αλλήλους οι Ιου-
δαίοι λέγοντες· πως δύναται ούτος ημίν δούναι την σάρκα
αυτού φαγείν; ⁵³ είπεν ούν αύτοίς Ιησούς· αμήν αμήν
λέγω υμίν, έάν μη φάγητε την σάρκα του υιού του αν-
θρώπου και πίητε αυτού το αίμα, ούκ έχετε ζωήν έν
έαυτοίς. ⁵⁴ Ο τρώγων μου την σάρκα και πίνων μου
το αίμα έχει ζωήν αιώνιον, κάγώ αναστήσω αυτόν ‹έν›
τη έσχάτη ημέρα ⁵⁵ Η γάρ σάρξ μου αληθής έστι
βρώσις, και το αίμά μου αληθής έστι πόσις· ⁵⁶ Ο
τρώγων μου την σάρκα και πίνων μου το αίμα έν έμοί
μένει κάγώ έν αυτώ. ⁵⁷ Καθώς απέστειλέ με ο ζών
πατήρ κάγώ ζώ διά τον πατέρα, και ο τρώγων με κά-
κείνος ζήσει δι' έμέ. ⁵⁸ Ούτός έστιν ο άρτος ο έξ ούρανού καταβάς, ού καθώς έφαγον οι πατέρες και απέ-
θανον· ο τρώγων τούτον τον άρτον ζήσει είς τον αιώνα.
⁵⁹ Ταύτα είπεν έν συναγωγή διδάσκων έν Καφαρναούμ.

non è Gesú, il figlio di Giuseppe? E noi non ne conosciamo il padre e la madre? Come mai dice ora: — Sono disceso dal cielo? ». [43] Gesú rispose loro: « Non mormorate tra voi. [44] Nessuno può venire con me se non vi è spinto dal Padre che mi ha mandato: e io lo risusciterò nell'ultimo giorno. [45] Nei Profeti è scritto: *E avranno tutti l'insegnamento di Dio*. Chi ha ascoltato il Padre e da lui ha imparato, viene con me; [46] non perché abbia visto il Padre: solo colui che è venuto da Dio, ha visto il Padre. [47] In verità, in verità vi dico: Chi crede ha la vita eterna. [48] Io sono il pane della vita. [49] I vostri padri mangiarono la manna nel deserto e morirono. [50] Questo è il pane disceso dal cielo, perché chi ne mangia non morirà. [51] Io sono il pane vivo disceso dal cielo. Se uno si nutre di questo pane, vivrà in eterno: e il pane è la mia carne, che io darò per la vita del mondo ». [52] Allora i Giudei discutevano fra loro, dicendo: « Come può costui dare a noi la sua carne da mangiare? ». [53] E Gesú rispose loro: « In verità, in verità vi dico che se non mangerete la carne del Figlio dell'uomo, e non berrete il suo sangue, non avrete in voi la vita. [54] Chi mangia la mia carne e beve il mio sangue, ha la vita eterna, e io lo risusciterò nell'ultimo giorno: [55] perché la mia carne è vero cibo, e il mio sangue vera bevanda. [56] Chi mangia la mia carne e beve il mio sangue, rimane in me, e io in lui. [57] Come il Padre che possiede la Vita ha mandato me, e io vivo per il Padre, cosí pure chi si ciba di me, vivrà per me. [58] Questo è il pane disceso dal cielo, quello che mangiarono i vostri padri non li salvò dalla morte; chi mangia di questo pane vivrà in eterno ». [59] Queste parole furono dette da Gesú, insegnando nella sinagoga di Cafarnao.

⁶⁰ Πολλοὶ οὖν ἀκούσαντες ἐκ τῶν μαθητῶν αὐτοῦ εἶπον· σκληρός ἐστιν ὁ λόγος οὗτος· τίς δύναται αὐτοῦ ἀκούειν; ⁶¹ εἰδὼς δὲ ὁ Ἰησοῦς ἐν ἑαυτῷ ὅτι γογγύζουσι περὶ τούτου οἱ μαθηταὶ αὐτοῦ, εἶπεν αὐτοῖς· τοῦτο ὑμᾶς σκανδαλίζει; ⁶² ἐὰν οὖν θεωρῆτε τὸν υἱὸν τοῦ ἀνθρώπου ἀναβαίνοντα ὅπου ἦν τὸ πρότερον; ⁶³ τὸ πνεῦμά ἐστι τὸ ζωοποιοῦν, ἡ σὰρξ οὐκ ὠφελεῖ οὐδέν· τὰ ῥήματα ἃ ἐγὼ λελάληκα ὑμῖν πνεῦμά ἐστι καὶ ζωή ἐστιν. ⁶⁴ Ἀλλ᾽ εἰσὶν ἐξ ὑμῶν τινες οἳ οὐ πιστεύουσιν. ᾔδει γὰρ ἐξ ἀρχῆς ὁ Ἰησοῦς τίνες εἰσὶν οἱ μὴ πιστεύοντες καὶ τίς ἐστιν ὁ παραδώσων αὐτόν. ⁶⁵ Καὶ ἔλεγε· διὰ τοῦτο εἴρηκα ὑμῖν ὅτι οὐδεὶς δύναται ἐλθεῖν πρός με ἐὰν μὴ ᾖ δεδομένον αὐτῷ ἐκ τοῦ πατρός.

⁶⁶ Ἐκ τούτου πολλοὶ ἐκ τῶν μαθητῶν αὐτοῦ ἀπῆλθον εἰς τὰ ὀπίσω καὶ οὐκέτι μετ᾽ αὐτοῦ περιεπάτουν. ⁶⁷ Εἶπεν οὖν ὁ Ἰησοῦς τοῖς δώδεκα· μὴ καὶ ὑμεῖς θέλετε ὑπάγειν; ⁶⁸ ἀπεκρίθη αὐτῷ Σίμων Πέτρος· κύριε, πρὸς τίνα ἀπελευσόμεθα; ῥήματα ζωῆς αἰωνίου ἔχεις, ⁶⁹ καὶ ἡμεῖς πεπιστεύκαμεν καὶ ἐγνώκαμεν ὅτι σὺ εἶ ὁ ἅγιος τοῦ θεοῦ. ⁷⁰ Ἀπεκρίθη αὐτοῖς ὁ Ἰησοῦς· οὐκ ἐγὼ ὑμᾶς τοὺς δώδεκα ἐξελεξάμην; καὶ ἐξ ὑμῶν εἷς διάβολός ἐστιν. ⁷¹ Ἔλεγε δὲ τὸν Ἰούδαν Σίμωνος Ἰσκαριώτου· οὗτος γὰρ ἔμελλε παραδιδόναι αὐτόν, εἷς ἐκ τῶν δώδεκα.

7. — ¹ Καὶ μετὰ ταῦτα περιεπάτει Ἰησοῦς ἐν τῇ Γαλιλαίᾳ· οὐ γὰρ ἤθελεν ἐν τῇ Ἰουδαίᾳ περιπατεῖν, ὅτι ἐζήτουν αὐτὸν οἱ Ἰουδαῖοι ἀποκτεῖναι. ² Ἦν δὲ ἐγγὺς ἡ ἑορτὴ τῶν Ἰουδαίων ἡ σκηνοπηγία.

MOLTI DISCEPOLI ABBANDONANO GESÚ

[60] Molti dei suoi discepoli che lo avevano ascoltato, dissero: « Questo linguaggio è difficile; e chi lo può comprendere? ». [61] E Gesú, che dentro di sé conosceva ciò che i discepoli mormoravano, disse loro: « E questo vi turba? [62] E se, dunque, vedrete il Figlio dell'uomo salire là dov'era prima? [63] Chi dà la vita è lo spirito, la carne non può nulla: le parole che vi ho dette, sono spirito e vita. [64] Ma tra voi vi sono alcuni che non credono ». Infatti, già dal principio Gesú sapeva chi erano coloro che non credevano e chi era colui che lo avrebbe tradito. [65] E aggiunse: « Per questa ragione vi ho già detto che nessuno poteva venire con me, se non gli era dato dal Padre mio ».

[66] Da quel momento, molti dei suoi discepoli si allontanarono da lui, e non lo seguirono piú. [67] Allora Gesú disse ai dodici: « Non volete lasciarmi anche voi? ». [68] Simon Pietro gli rispose:. « Signore, con chi andremo? Tu hai parole di vita eterna, [69] e noi abbiamo creduto e riconosciuto che tu sei il Santo di Dio ». [70] E Gesú disse ancora: « Non sono stato io a scegliere voi dodici? Eppure uno di voi è un demonio ». [71] Egli alludeva a Giuda, figlio di Simone Iscariota, il quale lo avrebbe tradito fra poco, pur essendo tra i dodici.

LA FESTA DELLE TENDE

VII — [1] Dopo qualche tempo, Gesú andava per la Galilea; ma non intendeva percorrere la Giudea, perché i Giudei lo cercavano per farlo condannare a morte. [2] Era prossima la festa giudaica delle Tende,

³ Εἶπον οὖν πρὸς αὐτὸν οἱ ἀδελφοὶ αὐτοῦ· μετάβηθι ἐντεῦθεν καὶ ὕπαγε εἰς τὴν Ἰουδαίαν, ἵνα καὶ οἱ μαθηταί σου θεωρήσουσί σου τὰ ἔργα ἃ ποιεῖς. ⁴ οὐδεὶς γάρ τι ἐν κρυπτῷ ποιεῖ καὶ ζητεῖ αὐτὸ(ς) ἐν παρρησίᾳ εἶναι. εἰ ταῦτα ποιεῖς, φανέρωσον σεαυτὸν τῷ κόσμῳ. ⁵ Οὐδὲ γὰρ οἱ ἀδελφοὶ αὐτοῦ ἐπίστευον εἰς αὐτόν. ⁶ Λέγει οὖν αὐτοῖς ὁ Ἰησοῦς· ὁ καιρὸς ὁ ἐμὸς οὔπω πάρεστιν, ὁ δὲ καιρὸς ὁ ὑμέτερος πάντοτέ [παρ]εστιν ἕτοιμος. ⁷ Οὐ δύναται ὁ κόσμος μισεῖν ὑμᾶς, ἐμὲ δὲ μισεῖ, ὅτι ἐγὼ μαρτυρῶ περὶ αὐτοῦ ὅτι τὰ ἔργα αὐτοῦ πονηρά ἐστιν. ⁸ Ὑμεῖς ἀνάβητε εἰς τὴν ἑορτήν· ἐγὼ οὔπω ἀναβαίνω εἰς τὴν ἑορτὴν ταύτην, ὅτι ὁ ἐμὸς καιρὸς οὔπω πεπλήρωται. ⁹ Ταῦτα δὲ εἰπὼν αὐτοῖς ἔμεινεν ἐν τῇ Γαλιλαίᾳ. ¹⁰ Ὡς δὲ ἀνέβησαν οἱ ἀδελφοὶ αὐτοῦ εἰς τὴν ἑορτήν, τότε καὶ αὐτὸς ἀνέβη, οὐ φανερῶς ἀλλὰ ὡς ἐν κρυπτῷ. ¹¹ Οἱ οὖν Ἰουδαῖοι ἐζήτουν αὐτὸν ἐν τῇ ἑορτῇ καὶ ἔλεγον· ποῦ ἐστιν ἐκεῖνος; ¹² καὶ γογγυσμὸς περὶ αὐτοῦ ἦν πολὺς ἐν τοῖς ὄχλοις· οἱ μὲν ἔλεγον ὅτι ἀγαθός ἐστιν· ἄλλοι δὲ ἔλεγον· οὔ, ἀλλὰ πλανᾷ τὸν ὄχλον. ¹³ Οὐδεὶς μέντοι παρρησίᾳ ἐλάλει περὶ αὐτοῦ διὰ τὸν φόβον τῶν Ἰουδαίων.

¹⁴ Ἤδη δὲ τῆς ἑορτῆς μεσούσης ἀνέβη Ἰησοῦς εἰς τὸ ἱερὸν καὶ ἐδίδασκεν. ¹⁵ Ἐθαύμαζον οὖν οἱ Ἰουδαῖοι λέγοντες· πῶς οὗτος γράμματα οἶδε μὴ μεμαθηκώς; ¹⁶ ἀπεκρίθη οὖν αὐτοῖς Ἰησοῦς καὶ εἶπεν· ἡ ἐμὴ διδαχὴ οὐκ ἔστιν ἐμὴ ἀλλὰ τοῦ πέμψαντός με· ¹⁷ ἐάν τις θέλῃ τὸ θέλημα αὐτοῦ ποιεῖν, γνώσεται περὶ τῆς διδαχῆς, πότερον ἐκ τοῦ θεοῦ ἐστιν ἢ ἐγὼ ἀπ' ἐμαυτοῦ λαλῶ. ¹⁸ Ὁ ἀφ' ἑαυτοῦ λαλῶν τὴν δόξαν τὴν ἰδίαν ζητεῖ· ὁ δὲ ζητῶν τὴν δόξαν τοῦ πέμψαντος αὐτόν, οὗτος ἀληθής ἐστι καὶ ἀδικία ἐν αὐτῷ οὐκ ἔστιν. ¹⁹ Οὐ Μωϋσῆς ἔδωκεν ὑμῖν τὸν νόμον; καὶ οὐδεὶς ἐξ ὑμῶν

[3] e i suoi fratelli gli dissero: «Parti e va in Giudea, cosí anche quei discepoli vedranno le opere che tu fai: [4] perché chi desidera che il suo valore venga riconosciuto, non compie nulla di nascosto». [5] (Nemmeno i suoi fratelli, infatti credevano in lui.) [6] E Gesú rispose loro: «Il mio tempo non è ancora venuto; per voi invece ogni momento è propizio. [7] Il mondo non può avere odio per voi; ma odia me perché affermo che le sue azioni sono vili. [8] Andate voi alla festa. Io non vengo: ancora non è giunto il mio momento». [9] E, detto questo, rimase in Galilea. [10] Ma quando i suoi fratelli partirono, anche Gesú, cercando di non farsi vedere, quasi di nascosto, salí a Gerusalemme. [11] Intanto i Giudei lo cercavano in quei giorni, e dicevano: «E colui, dov'è?». [12] E tra la folla si mormorava molto sul suo conto. Alcuni dicevano: «È buono»; e altri: «No, anzi inganna il popolo». [13] Nessuno però parlava di lui apertamente, per timore dei Giudei.

GESÚ INSEGNA NEL TEMPIO

[14] Ma, quando fu trascorsa la metà dei giorni di festa, Gesú entrò nel Tempio e cominciò a insegnare. [15] Allora i Giudei si stupirono, e dissero: «Come mai costui sa le Scritture senza averle mai imparate?». [16] Gesú rispose loro: «Questa sapienza non è mia, ma di colui che mi ha mandato. [17] Se qualcuno vuol fare la volontà di Dio, riconoscerà se questo insegnamento viene da me o da Dio. [18] Chi dice cose pensate da lui stesso, cerca la propria gloria: ma chi desidera la gloria di colui che l'ha mandato, dice la verità e non è mai ingiusto. [19] Mosè non vi ha dato la Legge? Eppure nessuno di voi la osserva. Perché cercate di

ποιεῖ τὸν νόμον. τί με ζητεῖτε ἀποκτεῖναι; ²⁰ ἀπεκρίθη ὁ ὄχλος· δαιμόνιον ἔχεις· τίς σε ζητεῖ ἀποκτεῖναι;
²¹ ἀπεκρίθη Ἰησοῦς καὶ εἶπεν αὐτοῖς· ἓν ἔργον ἐποίησα
καὶ πάντες θαυμάζετε. ²² Διὰ τοῦτο Μωϋσῆς δέδωκεν
ὑμῖν τὴν περιτομήν, οὐχ ὅτι ἐκ τοῦ Μωϋσέως ἐστὶν ἀλλ᾽
ἐκ τῶν πατέρων· καὶ ⟨ἐν⟩ σαββάτῳ περιτέμνετε ἄν-
θρωπον· ²³ εἰ περιτομὴν λαμβάνει ὁ ἄνθρωπος ἐν σαββάτῳ ἵνα μὴ λυθῇ ὁ νόμος Μωϋσέως, ἐμοὶ χολᾶτε ὅτι
ὅλον ἄνθρωπον ὑγιῆ ἐποίησα ἐν σαββάτῳ. ²⁴ Μὴ κρίνετε κατ᾽ ὄψιν, ἀλλὰ τὴν δικαίαν κρίσιν κρίνετε. ²⁵
Ἔλεγον οὖν τινες ἐκ τῶν Ἱεροσολυμειτῶν· οὐχ οὗτός
ἐστιν ὃν ζητοῦσιν ἀποκτεῖναι; ²⁶ καὶ ἴδε παρρησίᾳ λαλεῖ, καὶ οὐδὲν αὐτῷ λέγουσι. μή ποτε ἀληθῶς ἔγνωσαν
οἱ ἄρχοντες ὅτι οὗτός ἐστιν ὁ Χριστός; ²⁷ ἀλλὰ τοῦτον
οἴδαμεν πόθεν ἐστίν· ὁ δὲ Χριστὸς ὅταν ἔρχηται, οὐδεὶς
γινώσκει πόθεν ἐστίν.

²⁸ Ἔκραξεν οὖν ἐν τῷ ἱερῷ διδάσκων ὁ Ἰησοῦς καὶ
λέγων· κἀμὲ οἴδατε καὶ οἴδατε πόθεν εἰμί· καὶ ἀπ᾽ ἐμαυτοῦ οὐκ ἐλήλυθα, ἀλλ᾽ ἔστιν ἀληθινός ὁ πέμψας με, ὃν
ὑμεῖς οὐκ οἴδατε· ²⁹ ἐγὼ οἶδα αὐτόν, ὅτι παρ᾽ αὐτοῦ
εἰμι κἀκεῖνός με ἀπέστειλεν.

³⁰ Ἐζήτουν οὖν αὐτὸν πιάσαι, καὶ οὐδεὶς ἐπέβαλεν
ἐπ᾽ αὐτὸν τὴν χεῖρα, ὅτι οὔπω ἐληλύθει ἡ ὥρα αὐτοῦ.
³¹ Ἐκ τοῦ ὄχλου δὲ πολλοὶ ἐπίστευσαν εἰς αὐτόν, καὶ
ἔλεγον· ὁ Χριστὸς ὅταν ἔλθῃ, μὴ πλείονα σημεῖα ποιήσει ὧν οὗτος ἐποίησεν;

³² Ἤκουσαν οἱ Φαρισαῖοι τοῦ ὄχλου γογγύζοντος
περὶ αὐτοῦ ταῦτα, καὶ ἀπέστειλαν οἱ ἀρχιερεῖς καὶ οἱ
Φαρισαῖοι ὑπηρέτας ἵνα πιάσωσιν αὐτόν. ³³ Εἶπεν οὖν
ὁ Ἰησοῦς· ἔτι χρόνον μικρὸν μεθ᾽ ὑμῶν εἰμι καὶ ὑπάγω

farmi condannare a morte? ». [20] La folla rispose: « Tu sei un indemoniato! Chi cerca di farti uccidere? ». [21] E Gesú disse ancora: « Io ho compiuto una sola opera e tutti ne siete ancora meravigliati. [22] Mosè ha prescritto la circoncisione (benché essa abbia origine dai Patriarchi e non da Mosè), e voi circoncidete l'uomo anche di sabato. [23] Se per non violare la legge di Mosè l'uomo viene circonciso di sabato, perché dimostrate tanta ira contro di me, che di sabato ho liberato dal male un uomo in ogni parte del suo corpo? [24] Non giudicate secondo l'apparenza, ma con esatto giudizio ».

[25] Alcuni di Gerusalemme dicevano: « Non è costui che si cerca di uccidere? [26] Ecco, invece, che parla in pubblico e nessuno gli dice una parola. Avrebbero forse i capi del popolo riconosciuto che costui è davvero il Cristo? [27] Ma noi sappiamo dove è nato; mentre quando verrà il Cristo, nessuno saprà di dove sia ».

[28] Intanto Gesú continuava ad insegnare nel Tempio, e diceva ad alta voce: « Dunque mi conoscete e sapete di dove sono? Eppure io non sono venuto di mia volontà, ma mi ha mandato colui che non può mentire e che voi non conoscete. [29] Io lo conosco perché vengo da lui; ed è lui che mi ha mandato ».

[30] Cercarono allora di prenderlo; ma nessuno mise le mani su Gesú, perché la sua ora non era ancora venuta. [31] Anzi molti del popolo credettero in lui e dissero: « Potrà il Cristo, quando verrà, fare dei miracoli piú convincenti di quelli di costui? ».

[32] I Farisei udirono il popolo mormorare queste cose sul conto di Gesú, e, d'accordo con i capi dei sacerdoti, mandarono alcuni uomini al loro servizio per impadronirsi di lui. [33] Disse allora Gesú: « Io resto ancora con voi per poco tempo, e poi ritornerò da

πρὸς τὸν πέμψαντά με· ³⁴ ζητήσετέ με καὶ οὐχ εὑρήσετέ [με], καὶ ὅπου εἰμὶ ἐγὼ ὑμεῖς οὐ δύνασθε ἐλθεῖν ἐκεῖ. ³⁵ Εἶπον οὖν οἱ Ἰουδαῖοι πρὸς ἑαυτούς· ποῦ οὗτος μέλλει πορεύεσθαι, ὅτι ἡμεῖς οὐχ εὑρήσομεν αὐτόν; μὴ εἰς τὴν διασπορὰν τῶν Ἑλλήνων μέλλει πορεύεσθαι καὶ διδάσκειν τοὺς Ἕλληνας; ³⁶ τίς ἐστιν ὁ λόγος οὗτος ὃν εἶπε· ζητήσετέ με καὶ οὐχ εὑρήσετέ [με], καὶ ὅπου εἰμὶ ἐγὼ ὑμεῖς οὐ δύνασθε ἐλθεῖν;

³⁷ ἐν δὲ τῇ ἐσχάτῃ ἡμέρᾳ τῇ μεγάλῃ τῆς ἑορτῆς εἱστήκει ὁ Ἰησοῦς καὶ ἔκραζε λέγων· ἐάν τις διψᾷ, ἐρχέσθω πρὸς ἐμὲ καὶ πινέτω· ³⁸ ὁ πιστεύων εἰς ἐμέ, καθὼς εἶπεν ἡ γραφή, ποταμοὶ ἐκ τῆς κοιλίας αὐτοῦ ῥεύσουσιν ὕδατος ζῶντος.

³⁹ Τοῦτο δὲ εἶπε περὶ τοῦ πνεύματος ὃ ἔμελλον λαμβάνειν οἱ πιστεύσαντες εἰς αὐτόν· οὔπω γὰρ ἦν πνεῦμα ἅγιον δεδομένον, ὅτι Ἰησοῦς οὔπω ἐδοξάσθη.

⁴⁰ Ἐκ τοῦ ὄχλου οὖν ἀκούσαντες τῶν λόγων τούτων ἔλεγον ὅτι οὗτός ἐστιν ἀληθῶς ὁ προφήτης· ⁴¹ ἄλλοι ἔλεγον· οὗτός ἐστιν ὁ Χριστός· οἱ δὲ ἔλεγον· μὴ γὰρ ἐκ τῆς Γαλιλαίας ὁ Χριστὸς ἔρχεται; ⁴² οὐχ ἡ γραφὴ εἶπεν ὅτι ἐκ τοῦ σπέρματος Δαυεὶδ καὶ ἀπὸ Βηθλεὲμ τῆς κώμης ὅπου ἦν Δαυείδ, ἔρχεται ὁ Χριστός; ⁴³ σχίσμα οὖν ἐγένετο ἐν τῷ ὄχλῳ δι' αὐτόν· ⁴⁴ τινὲς δὲ ἤθελον ἐξ αὐτῶν πιάσαι αὐτόν, ἀλλ' οὐδεὶς ἔβαλεν ἐπ' αὐτὸν τὰς χεῖρας. ⁴⁵ Ἦλθον οὖν οἱ ὑπηρέται πρὸς τοὺς ἀρχιερεῖς καὶ Φαρισαίους, καὶ εἶπον αὐτοῖς ἐκεῖνοι· διὰ τί οὐκ ἠγάγετε αὐτόν; ⁴⁶ ἀπεκρίθησαν οἱ ὑπηρέται· οὐδέποτε ἐλάλησεν οὕτως ἄνθρωπος (ὡς οὗτος λαλεῖ ὁ ἄνθρωπος). ⁴⁷ Ἀπεκρίθησαν οὖν οἱ Φαρισαῖοι· μὴ καὶ ὑμεῖς πεπλάνησθε; ⁴⁸ μή τις ἐκ τῶν ἀρχόντων ἐπίστευσεν εἰς αὐτὸν ἢ ἐκ τῶν Φαρισαίων; ⁴⁹ ἀλλὰ ὁ ὄχλος οὗτος ὁ μὴ γινώσκων τὸν νόμον ἐπάρατοί εἰσι.

colui che mi ha mandato. ³⁴ Voi mi cercherete e non
mi troverete, e, là dove io sono, non potete venire ».
³⁵ I Giudei dissero perciò fra loro: « Dove si propone
di andare costui, se noi non potremo ritrovarlo? Ha
intenzione, forse, di andare nella Dispersione dei pagani a istruire i pagani? ³⁶ Che cosa vogliono dire
queste sue parole: — Voi mi cercherete e non mi
troverete — e ancora: — Dove io sono, voi non potete venire —? ».

³⁷ Nell'ultimo giorno, il piú solenne della festa,
Gesú si alzò e disse ad alta voce: « Chi ha sete, venga
con me e beva. ³⁸ Come dice la Scrittura, fiumi d'acqua viva scorreranno dalle viscere di chi crede in
me ».

³⁹ Alludeva con questo richiamo allo Spirito che
avrebbero ricevuto coloro che credevano in lui. (Infatti lo Spirito Santo non era stato dato, perché Gesú
non aveva ancora avuto la sua gloria.)

⁴⁰ Alcuni della folla, udite quelle parole, dissero:
« Costui è veramente un Profeta »; ⁴¹ ed altri: « Egli
è il Cristo ». Ed altri ancora; « E allora il Cristo
verrebbe dalla Galilea? ⁴² La Scrittura non dice che
dovrà venire dal seme di Davide e da Betlemme, il
villaggio dove fu Davide? ». ⁴³ Nacque, cosí, dissenso
tra la folla. ⁴⁴ Alcuni volevano prenderlo, ma nessuno
osò mettere le mani su Gesú. ⁴⁵ Allora gli uomini che
erano stati mandati per impadronirsi di lui, tornarono dai capi dei sacerdoti e dai Farisei, i quali domandarono loro: « Perché non lo avete portato? ».
⁴⁶ Ed essi risposero: « Nessuno ha mai parlato come
quest'uomo ». ⁴⁷ E i Farisei dissero ancora: « Ha forse
convinto anche voi? ⁴⁸ Ma c'è qualcuno fra i capi dei
sacerdoti o tra i Farisei che ha creduto in lui? ⁴⁹ Questa gente che non conosce la Legge è proprio male-

⁵⁰ Λέγει Νικόδημος πρὸς αὐτούς, ὁ ἐλθὼν πρὸς αὐτὸν πρότερον, εἷς ὢν ἐξ αὐτῶν· ⁵¹ μὴ ὁ νόμος ἡμῶν κρίνει τὸν ἄνθρωπον ἐὰν μὴ ἀκούσῃ πρῶτον παρ' αὐτοῦ καὶ γνῷ τί ποιεῖ; ⁵² ἀπεκρίθησαν καὶ εἶπαν αὐτῷ· μὴ καὶ σὺ ἐκ τῆς Γαλιλαίας εἶ; ἐραύνησον καὶ ἴδε ὅτι ἐκ τῆς Γαλιλαίας προφήτης οὐκ ἐγείρεται. ⁵³ Καὶ ἐπορεύθησαν ἕκαστος εἰς τὸν οἶκον αὐτοῦ.

8. — ¹ Ἰησοῦς δὲ ἐπορεύθη εἰς τὸ ὄρος τῶν ἐλαιῶν. ² Ὄρθρου δὲ πάλιν παρεγένετο εἰς τὸ ἱερόν, καὶ πᾶς ὁ λαὸς ἤρχετο πρὸς αὐτόν, καὶ καθίσας ἐδίδασκεν αὐτούς. ³ Ἄγουσι δὲ οἱ γραμματεῖς · καὶ οἱ Φαρισαῖοι γυναῖκα ἐπὶ μοιχείᾳ κατειλημμένην, καὶ στήσαντες αὐτὴν ἐν μέσῳ ⁴ λέγουσιν αὐτῷ· διδάσκαλε, αὕτη ἡ γυνὴ κατείληπται ἐπ' αὐτοφώρῳ μοιχευομένη· ⁵ ἐν δὲ τῷ νόμῳ ἡμῖν Μωϋσῆς ἐνετείλατο τὰς τοιαύτας λιθάζειν· σὺ οὖν τί λέγεις; ⁶ τοῦτο δὲ ἔλεγον πειράζοντες αὐτόν, ἵνα ἔχωσι κατηγορεῖν αὐτοῦ. Ὁ δὲ Ἰησοῦς κάτω κύψας τῷ δακτύλῳ κατέγραφεν εἰς τὴν γῆν. ⁷ Ὡς δὲ ἐπέμενον ἐρωτῶντες αὐτόν, ἀνέκυψε καὶ εἶπεν αὐτοῖς· ὁ ἀναμάρτητος ὑμῶν πρῶτος ἐπ' αὐτὴν βαλέτω λίθον. ⁸ Καὶ πάλιν κατακύψας ἔγραφεν εἰς τὴν γῆν. ⁹ Οἱ δὲ ἀκούσαντες ἐξήρχοντο εἷς καθ' εἷς ἀρξάμενοι ἀπὸ τῶν πρεσβυτέρων, καὶ κατελείφθη μόνος, καὶ ἡ γυνὴ ἐν μέσῳ οὖσα. ¹⁰ Ἀνακύψας δὲ ὁ Ἰησοῦς εἶπεν αὐτῇ· γύναι, ποῦ εἰσιν ἐκεῖνοι οἱ κατήγοροί σου; οὐδείς σε κατέκρινεν; ¹¹ ἡ δὲ εἶπεν οὐδείς, κύριε· εἶπε δὲ ὁ Ἰησοῦς· οὐδὲ ἐγώ σε κατακρίνω· πορεύου, ἀπὸ τοῦ νῦν μηκέτι ἁμάρτανε.

detta ». [50] Nicodemo, uno di loro, quello stesso che già qualche tempo prima era andato da Gesú, disse: [51] « Forse la nostra Legge condanna un uomo senza averlo ascoltato e senza conoscere ciò che ha fatto? ». [52] Gli risposero: « Sei anche tu della Galilea? Leggi attentamente le Scritture, e vedrai che un profeta non deve venire dalla Galilea ». [53] E ognuno se ne tornò a casa.

L'ADULTERA

VIII — [1] Gesú invece andò sul monte degli Ulivi; [2] ma alle prime luci dell'alba ritornò nel Tempio. Qui il popolo si raccolse intorno a lui che, seduto, insegnava. [3] Mentre parlava, gli Scribi e i Farisei condussero un'adultera: e spintala là in mezzo, [4] dissero a Gesú: « Maestro, questa donna è stata presa mentre commetteva adulterio. [5] Mosè nella Legge ci impone di lapidare le adultere. Che ne pensi tu, dunque? ». [6] Essi dissero questo per comprometterlo e per avere una ragione di accusa. Ma Gesú, invece di rispondere, si curvò e col dito si mise a scrivere per terra. [7] Siccome insistevano nella domanda, egli sollevò il capo e disse loro: « Chi di voi non ha mai commesso una colpa, sia il primo a gettare la pietra contro di lei ». [8] E di nuovo si chinò a scrivere per terra. [9] Allora, udite queste parole, tutti se ne andarono, uno dopo l'altro a cominciare dai piú vecchi. E Gesú rimase solo con la donna. [10] Poi, alzato il capo, le disse: « Dove sono, o donna, coloro che ti accusavano? Nessuno ti ha condannata? ». [11] Ed essa rispose: « Nessuno, Signore ». E Gesú ancora: « Nemmeno io ti condanno: va, e da questo momento non peccare piú ».

¹² Πάλιν οὖν αὐτοῖς ἐλάλησεν Ἰησοῦς λέγων· ἐγώ εἰμι τὸ φῶς τοῦ κόσμου· ὁ ἀκολουθῶν μοι οὐ μὴ περιπατήσῃ ἐν τῇ σκοτίᾳ, ἀλλ᾽ ἕξει τὸ φῶς τῆς ζωῆς. ¹³ Εἶπον οὖν αὐτῷ οἱ Φαρισαῖοι· σὺ περὶ σεαυτοῦ μαρτυρεῖς· ἡ μαρτυρία σου οὐκ ἔστιν ἀληθής. ¹⁴ Ἀπεκρίθη Ἰησοῦς καὶ εἶπεν αὐτοῖς· κἂν ἐγὼ μαρτυρῶ περὶ ἐμαυτοῦ, ἡ μαρτυρία μου ἀληθής ἐστιν, ὅτι οἶδα πόθεν ἦλθον καὶ ποῦ ὑπάγω· ὑμεῖς δὲ οὐκ οἴδατε πόθεν ἔρχομαι ἢ ποῦ ὑπάγω. ¹⁵ Ὑμεῖς κατὰ τὴν σάρκα κρίνετε, ἐγὼ οὐ κρίνω οὐδένα· ¹⁶ καὶ ἐὰν κρίνω δὲ ἐγώ, ἡ κρίσις ἡ ἐμὴ ἀληθινή ἐστιν, ὅτι μόνος οὐκ εἰμί, ἀλλ᾽ ἐγὼ καὶ ὁ πέμψας με. ¹⁷ Καὶ ἐν τῷ νόμῳ δὲ τῷ ὑμετέρῳ γέγραπται ὅτι δύο ἀνθρώπων ἡ μαρτυρία ἀληθής ἐστιν. ¹⁸ Ἐγώ εἰμι ὁ μαρτυρῶν περὶ ἐμαυτοῦ, καὶ μαρτυρεῖ περὶ ἐμοῦ ὁ πέμψας με πατήρ. ¹⁹ Ἔλεγον οὖν αὐτῷ· ποῦ ἐστιν ὁ πατήρ σου; ἀπεκρίθη Ἰησοῦς· οὔτε ἐμὲ οἴδατε οὔτε τὸν πατέρα μου· εἰ ἐμὲ ᾔδειτε, καὶ τὸν πατέρα μου ἂν ᾔδειτε. ²⁰ Ταῦτα τὰ ῥήματα ἐλάλησεν ἐν τῷ γαζοφυλακίῳ διδάσκων ἐν τῷ ἱερῷ· καὶ οὐδεὶς ἐπίασεν αὐτόν, ὅτι οὔπω ἐληλύθει ἡ ὥρα αὐτοῦ.

²¹ Εἶπεν οὖν πάλιν αὐτοῖς· ἐγὼ ὑπάγω καὶ ζητήσετέ με, καὶ ἐν τῇ ἁμαρτίᾳ ὑμῶν ἀποθανεῖσθε· ὅπου ἐγὼ ὑπάγω, ὑμεῖς οὐ δύνασθε ἐλθεῖν. ²² Ἔλεγον οὖν οἱ Ἰουδαῖοι· μήτι ἀποκτενεῖ ἑαυτόν, ὅτι λέγει· ὅπου ἐγὼ ὑπάγω, ὑμεῖς οὐ δύνασθε ἐλθεῖν; ²³ καὶ ἔλεγεν αὐτοῖς· ὑμεῖς ἐκ τῶν κάτω ἐστέ, ἐγὼ ἐκ τῶν ἄνω εἰμί· ὑμεῖ

IO SONO LA LUCE DEL MONDO

[12] Gesú, un'altra volta, parlò cosí ai Giudei: «Io sono la luce del mondo: chi mi segue non camminerà mai nelle tenebre, ma avrà la luce della vita». [13] Allora i Farisei gli dissero: «Tu testimoni di te stesso, e la tua testimonianza non è valida». [14] E Gesú rispose loro: «Anche se testimonio di me stesso, la mia testimonianza è degna di fede, perché io so di dove vengo e dove vado: voi non sapete di dove vengo o dove vado. [15] Voi giudicate secondo la carne, io non giudico nessuno. [16] E anche se giudico, il mio giudizio rispecchia la verità, perché non sono solo, ma siamo io e colui che mi ha mandato. [17] Anche nella vostra Legge è scritto che la testimonianza di due persone è valida. [18] Io sono il testimone di me stesso, ma di me testimonia anche il Padre che mi ha mandato». [19]Allora gli domandarono: «Dov'è il Padre tuo?». Gesú rispose: «Voi non conoscete né me, né il Padre mio; se conosceste me, conoscereste anche il Padre mio». [20] Queste parole furono dette da Gesú nel Luogo delle Offerte, mentre insegnava nel Tempio. Ma nessuno allora lo prese perché non era venuta la sua ora.

LA VERITÀ VI RENDERÀ LIBERI

[21] Un'altra volta, Gesú disse loro: «Io me ne andrò e voi mi cercherete; e morirete nel vostro peccato. Dove io vado, voi non potete venire». [22] E i Giudei perciò dicevano: «Non vorrà uccidersi, poiché ha detto: — Dove io vado, voi non potete venire —?». [23] E Gesú disse loro: «Voi siete della terra, io sono

ἐκ τούτου τοῦ κόσμου ἐστέ, ἐγὼ οὐκ εἰμὶ ἐκ τοῦ κόσμου τούτου. ²⁴ Εἶπον οὖν ὑμῖν ὅτι ἀποθανεῖσθε ἐν ταῖς ἁμαρτίαις ὑμῶν· ἐὰν γὰρ μὴ πιστεύσητε ὅτι ἐγώ εἰμι, ἀποθανεῖσθε ἐν ταῖς ἁμαρτίαις ὑμῶν. ²⁵ Ἔλεγον οὖν αὐτῷ· σὺ τίς εἶ; εἶπεν αὐτοῖς Ἰησοῦς· τὴν ἀρχὴν ὅ τι καὶ λαλῶ ὑμῖν; ²⁶ πολλὰ ἔχω περὶ ὑμῶν λαλεῖν καὶ κρίνειν· ἀλλ᾽ ὁ πέμψας με ἀληθής ἐστι, κἀγὼ ἃ ἤκουσα παρ᾽ αὐτοῦ, ταῦτα λαλῶ εἰς τὸν κόσμον. ²⁷ Οὐκ ἔγνωσαν ὅτι τὸν πατέρα αὐτοῖς ἔλεγεν. ²⁸ Εἶπεν οὖν ὁ Ἰησοῦς ὅτι ὅταν ὑψώσητε τὸν υἱὸν τοῦ ἀνθρώπου, τότε γνώσεσθε ὅτι ἐγώ εἰμι, καὶ ἀπ᾽ ἐμαυτοῦ ποιῶ οὐδέν, ἀλλὰ καθὼς ἐδίδαξέ με ὁ πατήρ μου ταῦτα λαλῶ. ²⁹ Καὶ ὁ πέμψας με μετ᾽ ἐμοῦ ἐστιν, οὐκ ἀφῆκέ με μόνον, ὅτι ἐγὼ τὰ ἀρεστὰ αὐτῷ ποιῶ πάντοτε.

³⁰ Ταῦτα αὐτοῦ λαλοῦντος πολλοὶ ἐπίστευσαν εἰς αὐτόν. ³¹ Ἔλεγεν οὖν ὁ Ἰησοῦς πρὸς τοὺς πεπιστευκότας αὐτῷ Ἰουδαίους· ἐὰν ὑμεῖς μείνητε ἐν τῷ λόγῳ τῷ ἐμῷ, ἀληθῶς μαθηταί μού ἐστε, ³² καὶ γνώσεσθε τὴν ἀλήθειαν, καὶ ἡ ἀλήθεια ἐλευθερώσει ὑμᾶς. ³³ Ἀπεκρίθησαν πρὸς αὐτόν· σπέρμα Ἀβραάμ ἐσμεν, καὶ οὐδενὶ δεδουλεύκαμεν πώποτε· πῶς σὺ λέγεις ὅτι ἐλεύθεροι γενήσεσθε; ³⁴ ἀπεκρίθη αὐτοῖς Ἰησοῦς· ἀμὴν ἀμὴν λέγω ὑμῖν ὅτι πᾶς ὁ ποιῶν τὴν ἁμαρτίαν δοῦλός ἐστι τῆς ἁμαρτίας· ³⁵ ὁ δὲ δοῦλος οὐ μένει ἐν τῇ οἰκίᾳ εἰς τὸν αἰῶνα· ὁ υἱὸς μένει εἰς τὸν αἰῶνα· ³⁶ ἐὰν οὖν ὁ υἱὸς ὑμᾶς ἐλευθερώσῃ, ὄντως ἐλεύθεροι ἔσεσθε. ³⁷ Οἶδα ὅτι σπέρμα Ἀβραάμ ἐστε· ἀλλὰ ζητεῖτέ με ἀποκτεῖναι, ὅτι ὁ λόγος ὁ ἐμὸς οὐ χωρεῖ ἐν ὑμῖν.

³⁸ Ἃ ἐγὼ ἑώρακα παρὰ τῷ πατρὶ λαλῶ· καὶ ὑμεῖς οὖν ἃ ἠκούσατε παρὰ τοῦ πατρὸς ποιεῖτε. ³⁹ Ἀπεκρίθησαν καὶ εἶπαν αὐτῷ· ὁ πατὴρ ἡμῶν Ἀβραάμ ἐστι. λέγει αὐτοῖς Ἰησοῦς· εἰ τέκνα τοῦ Ἀβραάμ ἐστε, τὰ ἔργα

del cielo; voi siete di questo mondo, io non sono di questo mondo. ²⁴ Vi ho detto che morirete nei vostri peccati: infatti, se non credete che IO SONO, morirete nei vostri peccati ». ²⁵ Gli dissero allora: « Tu chi sei? ». E Gesú rispose: « Eppure, è dal principio che ve lo dico. ²⁶ Io ho molte cose da dire sul vostro conto, e anche da giudicare: ma chi mi ha mandato è giusto, e ciò che ho udito da lui, lo dico al mondo ». ²⁷ Essi non capirono che egli parlava del Padre. ²⁸ E Gesú disse: « Quando innalzerete il Figlio dell'uomo, vi accorgerete allora che il Figlio dell'uomo sono io, io che non faccio nulla di mia volontà, ma dico ciò che m'ha insegnato il Padre mio. ²⁹ E vi accorgerete anche che colui che mi ha mandato è con me e che non mi ha lasciato solo, perché io compio tutto quello che gli è gradito ».

³⁰ Molti Giudei credettero in lui udendo queste sue parole; ³¹ e Gesú rivolto a loro cosí disse: « Se voi resterete fedeli alla mia parola, sarete veramente miei discepoli, ³² e conoscerete la verità. E la verità vi renderà liberi ». ³³ Ed essi gli risposero: « Noi siamo discendenti di Abramo e non fummo mai schiavi di nessuno. Come mai tu dici: — Sarete liberi —? ». ³⁴ Gesú rispose loro: « In verità, in verità vi dico che chi commette il peccato è schiavo del peccato. ³⁵ Lo schiavo non rimane per sempre nella casa: il figlio vi resta invece per tutta la vita. ³⁶ Se, dunque, il Figlio vi libera, sarete realmente liberi. ³⁷ Lo so che siete discendenti di Abramo: ma voi cercate di farmi uccidere perché non comprendete la mia parola. ³⁸ Io dico quello che ho imparato dal Padre mio; fate anche voi ciò che avete imparato dal padre vostro ». ³⁹ I Giudei risposero: « Il Padre nostro è Abramo ». E Gesú: « Se siete figli di Abramo, fate il volere di

τοῦ Ἀβραὰμ ποιεῖτε· ⁴⁰ νῦν δὲ ζητεῖτέ με ἀποκτεῖναι,
ἄνθρωπον ὃς τὴν ἀλήθειαν ὑμῖν λελάληκα ἣν ἤκουσα
παρὰ τοῦ θεοῦ· τοῦτο Ἀβραὰμ οὐκ ἐποίησεν. ⁴¹ Ὑμεῖς
ποιεῖτε τὰ ἔργα τοῦ πατρὸς ὑμῶν. εἶπον αὐτῷ· ἡμεῖς
ἐκ πορνείας οὐκ ἐγεννήθημεν, ἕνα πατέρα ἔχομεν τὸν
θεόν. ⁴² Εἶπεν αὐτοῖς Ἰησοῦς· εἰ ὁ θεὸς πατὴρ ὑμῶν
ἦν, ἠγαπᾶτε ἂν ἐμέ· ἐγὼ γὰρ ἐκ τοῦ θεοῦ ἐξῆλθον καὶ
ἥκω· οὐδὲ γὰρ ἀπ᾽ ἐμαυτοῦ ἐλήλυθα, ἀλλ᾽ ἐκεῖνός με
ἀπέστειλε. ⁴³ Διὰ τί τὴν λαλιὰν τὴν ἐμὴν οὐ γινώσκετε;
ὅτι οὐ δύνασθε ἀκούειν τὸν λόγον τὸν ἐμόν. ⁴⁴ Ὑμεῖς
ἐκ τοῦ πατρὸς τοῦ διαβόλου ἐστὲ καὶ τὰς ἐπιθυμίας τοῦ
πατρὸς ὑμῶν θέλετε ποιεῖν. ἐκεῖνος ἀνθρωποκτόνος
ἦν ἀπ᾽ ἀρχῆς, καὶ ἐν τῇ ἀληθείᾳ οὐκ ἔστηκεν, ὅτι οὐκ
ἔστιν ἀλήθεια ἐν αὐτῷ. ὅταν λαλῇ τὸ ψεῦδος, ἐκ τῶν
ἰδίων λαλεῖ, ὅτι ψεύστης ἐστὶ καὶ ὁ πατὴρ αὐτοῦ. ⁴⁵
Ἐγὼ δὲ ὅτι τὴν ἀλήθειαν λέγω, οὐ πιστεύετέ μοι. ⁴⁶
Τίς ἐξ ὑμῶν ἐλέγχει με περὶ ἁμαρτίας; εἰ ἀλήθειαν λέγω,
διὰ τί ὑμεῖς οὐ πιστεύετέ μοι; ⁴⁷ ὁ ὢν ἐκ τοῦ θεοῦ
τὰ ῥήματα τοῦ θεοῦ ἀκούει· διὰ τοῦτο ὑμεῖς οὐκ ἀκούετε,
ὅτι ἐκ τοῦ θεοῦ οὐκ ἐστέ. ⁴⁸ Ἀπεκρίθησαν οἱ Ἰουδαῖοι καὶ εἶπαν αὐτῷ· οὐ καλῶς λέγομεν ἡμεῖς ὅτι Σα-
μαρρείτης εἶ σὺ καὶ δαιμόνιον ἔχεις; ⁴⁹ ἀπεκρίθη Ἰησοῦς ἐγὼ δαιμόνιον οὐκ ἔχω, ἀλλὰ τιμῶ τὸν πατέρα
μου, καὶ ὑμεῖς ἀτιμάζετέ με. ⁵⁰ Ἐγὼ δὲ οὐ ζητῶ τὴν
δόξαν μου· ἔστιν ὁ ζητῶν καὶ κρίνων. ⁵¹ Ἀμὴν ἀμὴν
λέγω ὑμῖν, ἐάν τις τὸν ἐμὸν λόγον τηρήσῃ, θάνατον οὐ
μὴ θεωρήσῃ εἰς τὸν αἰῶνα. ⁵² Εἶπον αὐτῷ οἱ Ἰου-
δαῖοι· νῦν ἐγνώκαμεν ὅτι δαιμόνιον ἔχεις. Ἀβραὰμ
ἀπέθανε καὶ οἱ προφῆται, καὶ σὺ λέγεις· ἐάν τις τὸν λόγον μου τηρήσῃ, θάνατον οὐ μὴ θεωρήσῃ εἰς τὸν αἰῶνα.
⁵³ Μὴ σὺ μείζων εἶ τοῦ πατρὸς ἡμῶν Ἀβραάμ, ὅστις
ἀπέθανε; καὶ οἱ προφῆται ἀπέθανον· τίνα σεαυτὸν
ποιεῖς; ⁵⁴ ἀπεκρίθη Ἰησοῦς· ἐὰν ἐγὼ δοξάσω ἐμαυ-

Abramo. [40] Ma voi cercate ora di farmi condannare a morte perché vi ho detto la verità che mi fu rivelata da Dio: Abramo non ha fatto cosí. [41] Imitate nelle opere il padre vostro ». Gli dissero: « Noi non siamo nati da adulterio, abbiamo un solo Padre: Dio ». [42] Gesú disse loro: « Se Dio fosse vostro padre, amereste anche me, perché sono venuto e provengo da Dio; infatti non sono venuto di mia volontà, ma lui mi ha mandato. [43] Perché non comprendete quello che dico? Perché non siete capaci di dare ascolto alle mie parole? [44] Voi siete figli del demonio e volete appagare i desideri del padre vostro. Egli fu omicida fin dal principio, e si allontanò dalla verità, perché la verità non è in lui. Quando afferma il falso, parla come i propri simili, perché egli è bugiardo e padre della menzogna. [45] Ma voi non mi credete perché dico la verità. [46] Chi di voi mi può rimproverare di aver peccato? Se dico la verità, perché non mi credete? [47] Chi viene da Dio, ascolta le parole di Dio, voi per questo non le ascoltate, perché non venite da Dio ». [48] E i Giudei risposero: « Non diciamo noi con ragione che sei un samaritano, e che ti possiede un demonio? ». [49] Gesú rispose: « Io non ho in me alcun demonio, ma onoro il Padre mio; e voi mi disprezzate. [50] Ma io non cerco la mia gloria: c'è chi la vuole e la determina. [51] In verità, in verità vi dico che se qualcuno osserverà il mio insegnamento, non vedrà la morte in eterno ». [52] E i Giudei gli dissero: « Ora siamo certi che sei posseduto da un demonio. Abramo è morto, e cosí i Profeti, e tu dici: — Se qualcuno osserverà il mio insegnamento non vedrà la morte in eterno. — [53] Sei tu forse piú grande del padre nostro Abramo che è morto? Anche i Profeti sono morti. Che cosa credi di essere? ». [54] E Gesú rispose: « Se io

τόν, ἡ δόξα μου οὐδέν ἐστιν· ἔστιν ὁ πατήρ μου ὁ δο-
ξάζων με, ὃν ὑμεῖς λέγετε ὅτι θεὸς ὑμῶν ἐστι, ⁵⁵ καὶ
οὐκ ἐγνώκατε αὐτόν, ἐγὼ δὲ οἶδα αὐτόν. κἂν εἴπω ὅτι
οὐκ οἶδα αὐτόν, ἔσομαι ὅμοιος ὑμῖν ψεύστης· ἀλλὰ οἶδα
αὐτὸν καὶ τὸν λόγον αὐτοῦ τηρῶ. ⁵⁶ Ἀβραὰμ ὁ πατὴρ ὑμῶν ἠγαλλιάσατο ἵνα ἴδῃ τὴν ἡμέραν τὴν ἐμήν,
καὶ εἶδε καὶ ἐχάρη. ⁵⁷ Εἶπον οὖν οἱ Ἰουδαῖοι πρὸς
αὐτόν· πεντήκοντα ἔτη οὔπω ἔχεις καὶ Ἀβραὰμ ἑώρακας; ⁵⁸ εἶπεν αὐτοῖς Ἰησοῦς· ἀμὴν ἀμὴν λέγω ὑμῖν,
πρὶν Ἀβραὰμ γενέσθαι ἐγὼ εἰμί.
⁵⁹ Ἦραν οὖν λίθους ἵνα βάλωσιν ἐπ' αὐτόν· Ἰησοῦς
δὲ ἐκρύβη καὶ ἐξῆλθεν ἐκ τοῦ ἱεροῦ.

9. — ¹ Καὶ παράγων εἶδεν ἄνθρωπον τυφλὸν ἐκ γε
νετῆς. ² Καὶ ἠρώτησαν αὐτὸν οἱ μαθηταὶ αὐτοῦ λέ
γοντες· ῥαββεί, τίς ἥμαρτεν, οὗτος ἢ οἱ γονεῖς αὐτοῦ
ἵνα τυφλὸς γεννηθῇ; ³ ἀπεκρίθη Ἰησοῦς· οὔτε οὗτο
ἥμαρτεν οὔτε οἱ γονεῖς αὐτοῦ, ἀλλ' ἵνα φανερωθῇ τ
ἔργα τοῦ θεοῦ ἐν αὐτῷ. ⁴ Ἡμᾶς δεῖ ἐργάζεσθαι τ
ἔργα τοῦ πέμψαντός με ἕως ἡμέρα ἐστίν· ἔρχεται νὺ
ὅτε οὐδεὶς δύναται ἐργάζεσθαι. ⁵ Ὅταν ἐν τῷ κόσμ
ὦ, φῶς εἰμι τοῦ κόσμου. ⁶ Ταῦτα εἰπὼν ἔπτυσε χαμ
καὶ ἐποίησε πηλὸν ἐκ τοῦ πτύσματος, καὶ ἐπέθηκεν αὐ
τοῦ τὸν πηλὸν ἐπὶ τοὺς ὀφθαλμούς. ⁷ καὶ εἶπεν αὐτ
ὕπαγε. νίψαι εἰς τὴν κολυμβήθραν τοῦ Σιλωάμ, ὃ ἑρ
μηνεύεται ἀπεσταλμένος. ἀπῆλθεν ⟨ οὖν καὶ ἐνίψατο, κα
ἦλθε ⟩ βλέπων.
⁸ Οἱ οὖν γείτονες καὶ οἱ θεωροῦντες αὐτὸν τὸ πρ
τερον ὅτι προσαίτης ἦν, ἔλεγον· οὐχ οὗτός ἐστιν ὁ κα

cercassi di glorificarmi, la mia gloria sarebbe vana; ma chi mi glorifica è il Padre mio, quello stesso che voi chiamate vostro Dio, [55] e che non avete conosciuto. Io invece lo conosco; e se dicessi di non conoscerlo, mentirei come voi fate sempre. Ma lo conosco e ho in me la sua parola. [56] Il padre vostro, Abramo, aspettava con gioia il mio giorno; e fu lietissimo quando lo vide ». [57] Allora gli dissero: « Non hai ancora cinquant'anni e hai visto Abramo? ». [58] E Gesú rispose loro: « In verità, in verità vi dico che IO SONO prima ancora della nascita di Abramo ». [59] Allora i Giudei presero delle pietre per tirarle contro di lui; ma Gesú si nascose e poi uscí dal Tempio.

GUARIGIONE
DELL'UOMO CHE ERA NATO CIECO

IX — [1] Gesú mentre camminava, vide vicino a lui un uomo che era cieco dalla nascita. [2] E i suoi discepoli gli domandarono: « Maestro, quest'uomo è nato cieco perché ha peccato lui o i suoi genitori? ». [3] E Gesú rispose: « Non peccarono né lui né i suoi genitori, ma nacque cieco perché le opere di Dio fossero manifestate in lui. [4] È necessario che io compia le opere di colui che mi ha mandato mentre è giorno: quando viene la notte nessuno può lavorare. [5] Finché sarò nel mondo, sono la luce del mondo ». [6] Dette queste parole, sputò per terra, fece un po' di fango, lo mise sugli occhi del cieco, [7] e gli disse: « Va, e lavati nella piscina di Siloe » (nome che tradotto significa: inviato). Egli, dunque, andò, si lavò e ritornò che ci vedeva. [8] Allora i vicini, e coloro che lo avevano notato prima, perché era un mendicante, cominciarono a dire: « Questo non è l'uomo che vedevamo seduto a domandare l'elemo-

θήμενος καὶ προσαιτῶν; ⁹ ἄλλοι ἔλεγον ὅτι οὗτός ἐστιν·
ἄλλοι ἔλεγον· οὐχί, ἀλλ᾽ ὅμοιος αὐτῷ ἐστιν. ἐκεῖνος ἔλεγεν ὅτι ἐγώ εἰμι. ¹⁰ Ἔλεγον οὖν αὐτῷ· πῶς ἠνεῴχ-
θησάν σου οἱ ὀφθαλμοί; ¹¹ ἀπεκρίθη ἐκεῖνος· ὁ ἄνθρωπος ὁ λεγόμενος Ἰησοῦς πηλὸν ἐποίησε καὶ ἐπέχρισέ
μου τοὺς ὀφθαλμοὺς καὶ εἶπέ μοι ὅτι ὕπαγε εἰς τὸν Σι-
λωὰμ καὶ νίψαι· ἀπελθὼν οὖν καὶ νιψάμενος ἀνέβλεψα.
¹² Καὶ εἶπαν αὐτῷ· ποῦ ἐστιν ἐκεῖνος; λέγει· οὐκ οἶδα.
¹³ Ἄγουσιν αὐτὸν πρὸς τοὺς Φαρισαίους, τόν ποτε τυ-
φλόν. ¹⁴ ᵗ Ην δὲ σάββατον ἐν ᾗ ἡμέρᾳ τὸν πηλὸν ἐποίησεν ὁ Ἰησοῦς καὶ ἀνέῳξεν αὐτοῦ τοὺς ὀφθαλμούς. ¹⁵
Πάλιν οὖν ἠρώτων αὐτὸν καὶ οἱ Φαρισαῖοι πῶς ἀνέβλεψεν. ὁ δὲ εἶπεν αὐτοῖς· πηλὸν ἐπέθηκέ μου ἐπὶ τοὺς
ὀφθαλμούς, καὶ ἐνιψάμην, καὶ βλέπω. ¹⁶ Ἔλεγον οὖν
ἐκ τῶν Φαρισαίων τινές· οὐκ ἔστιν οὗτος παρὰ θεοῦ ὁ
ἄνθρωπος, ὅτι τὸ σάββατον οὐ τηρεῖ. ἄλλοι δὲ ἔλεγον·
πῶς δύναται ἄνθρωπος ἁμαρτωλὸς τοιαῦτα σημεῖα ποιεῖν;
καὶ σχίσμα ἦν ἐν αὐτοῖς. ¹⁷ Λέγουσιν οὖν τῷ τυφλῷ
πάλιν· τί σὺ λέγεις περὶ αὐτοῦ, ὅτι ἠνέῳξέ σου τοὺς ὀφθαλμούς; ὁ δὲ εἶπεν ὅτι προφήτης ἐστίν. ¹⁸ Οὐκ ἐπίστευσαν οὖν οἱ Ἰουδαῖοι περὶ αὐτοῦ ὅτι ἦν τυφλὸς καὶ
ἀνέβλεψεν, ἕως ὅτου ἐφώνησαν τοὺς γονεῖς αὐτοῦ τοῦ
ἀναβλέψαντος ¹⁹ καὶ ἠρώτησαν αὐτοὺς λέγοντες· οὗτός
ἐστιν ὁ υἱὸς ὑμῶν, ὃν ὑμεῖς λέγετε ὅτι τυφλὸς ἐγεννήθη;
πῶς οὖν βλέπει ἄρτι; ²⁰ ἀπεκρίθησαν οὖν οἱ γονεῖς
αὐτοῦ καὶ εἶπαν· οἴδαμεν ὅτι οὗτός ἐστιν ὁ υἱὸς ἡμῶν
καὶ ὅτι τυφλὸς ἐγεννήθη· ²¹ πῶς δὲ νῦν βλέπει οὐκ
οἴδαμεν, ἢ τίς ἤνοιξεν αὐτοῦ τοὺς ὀφθαλμοὺς ἡμεῖς
οὐκ οἴδαμεν· αὐτὸν ἐρωτήσατε, ἡλικίαν ἔχει, αὐτὸς περὶ
ἑαυτοῦ λαλήσει. ²² Ταῦτα εἶπον οἱ γονεῖς αὐτοῦ ὅτι
ἐφοβοῦντο τοὺς Ἰουδαίους· ἤδη γὰρ συνετέθειντο οἱ Ἰουδαῖοι ἵνα ἐάν τις αὐτὸν ὁμολογήσῃ Χριστόν, ἀποσυνά-
γωγος γένηται· ²³ διὰ τοῦτο οἱ γονεῖς αὐτοῦ εἶπα

sina? ». ⁹ Alcuni però dicevano: ' « È proprio lui »; ed altri: « No, ma gli rassomiglia ». Ma colui che era stato cieco affermava: « Sono io ». ¹⁰ Perciò gli domandarono: « In che modo i tuoi occhi sono stati aperti? » ¹¹ Ed egli rispose: « Quell'uomo che chiamano Gesú, fece un po' di fango, me lo mise sugli occhi, e disse: — Va, e lavati nell'acqua di Siloe. — Vi andai, dunque, e, dopo essermi lavato, ecco che vedo ». ¹² E gli chiesero ancora: « Dov'è l'uomo di cui parli? ». Ed egli: « Non so ». ¹³ Lo condussero allora dai Farisei, ¹⁴ perché era sabato quel giorno che Gesú col fango gli aveva aperto gli occhi. ¹⁵ E anche i Farisei gli domandarono in che modo gli era stata data la vista. Ed egli rispose loro: « Mi mise del fango sugli occhi, mi lavai, ed ora vedo ». ¹⁶ Alcuni Farisei dissero allora: « Quest'uomo non è venuto da Dio, perché non osserva il sabato ». Ma altri dissero: « Come può un peccatore fare simili miracoli? ». E vi era discordia fra loro. ¹⁷ Essi, dunque, interrogarono di nuovo l'uomo che era stato cieco, e gli dissero: « Che cosa pensi tu di colui che ti ha aperto gli occhi? » « È un profeta » egli rispose. ¹⁸ Ma i Giudei non credettero che prima fosse cieco mentre ora ci vedeva. Chiamarono allora i suoi genitori, ¹⁹ ai quali domandarono: « Questo è il figlio vostro che, come dite, è nato cieco? Come mai ora ci vede? ». ²⁰ I genitori risposero: « Sappiamo che questo è nostro figlio e che è nato cieco. ²¹ Come mai ora ci vede, non sappiamo e non sappiamo nemmeno chi gli ha aperto gli occhi. Interrogate lui; parlerà lui di se stesso: ha l'età per farlo ». ²² Questo dissero i suoi genitori, perché temevano i Giudei: infatti i Giudei avevano stabilito di cacciare dalla sinagoga chiunque avesse riconosciuto Gesú per il Cristo. ²³ Per questa ragione i genitori dissero cosí: « Ha l'età per rispondere: interrogatelo ».

ὅτι ἡλικίαν ἔχει, αὐτὸν ἐπερωτήσατε. ²⁴ Ἐφώνησαν
οὖν τὸν ἄνθρωπον ἐκ δευτέρου ὃς ἦν τυφλός, καὶ εἶπαν
αὐτῷ· δὸς δόξαν τῷ θεῷ· ἡμεῖς οἴδαμεν ὅτι οὗτος ὁ ἄνθρωπος ἁμαρτωλός ἐστιν. ²⁵ Ἀπεκρίθη οὖν ἐκεῖνος·
εἰ ἁμαρτωλός ἐστιν οὐκ οἶδα· ἓν οἶδα, ὅτι τυφλὸς ὢν
ἄρτι βλέπω. ²⁶ Εἶπον οὖν αὐτῷ· τί ἐποίησέ σοι; πῶς
ἤνοιξέ σου τοὺς ὀφθαλμούς; ²⁷ ἀπεκρίθη αὐτοῖς· εἶπον
ὑμῖν ἤδη καὶ οὐκ ἠκούσατε· τί οὖν πάλιν θέλετε ἀκούειν;
μὴ καὶ ὑμεῖς θέλετε αὐτοῦ μαθηταὶ γενέσθαι; ²⁸ καὶ
ἐλοιδόρησαν αὐτὸν καὶ εἶπον· σὺ μαθητὴς εἶ ἐκείνου,
ἡμεῖς δὲ τοῦ Μω(ϋ)σέως ἐσμὲν μαθηταί· ²⁹ ἡμεῖς οἴδαμεν ὅτι Μωϋσεῖ λελάληκεν ὁ θεός, τοῦτον δὲ οὐκ οἴδαμεν πόθεν ἐστίν. ³⁰ Ἀπεκρίθη ὁ ἄνθρωπος καὶ εἶπεν αὐτοῖς· ἐν τούτῳ γὰρ τὸ θαυμαστόν ἐστιν, ὅτι ὑμεῖς
οὐκ οἴδατε πόθεν ἐστί, καὶ ἤνοιξέ μου τοὺς ὀφθαλμούς·
³¹ οἴδαμεν ὅτι ὁ θεὸς ἁμαρτωλῶν οὐκ ἀκούει, ἀλλ' ἐάν
τις θεοσεβὴς ᾖ καὶ τὸ θέλημα αὐτοῦ ποιῇ τούτου ἀκούει·
³² ἐκ τοῦ αἰῶνος οὐκ ἠκούσθη ὅτι ἠνέῳξέ τις ὀφθαλμοὺς τυφλοῦ γεγεννημένου· ³³ εἰ μὴ ἦν οὗτος παρὰ
θεοῦ, οὐκ ἠδύνατο ποιεῖν οὐδέν. ³⁴ Ἀπεκρίθησαν καὶ
εἶπαν αὐτῷ· ἐν ἁμαρτίαις σὺ ἐγεννήθης ὅλος, καὶ σὺ
διδάσκεις ἡμᾶς; καὶ ἐξέβαλον αὐτὸν ἔξω. ³⁵ Ἤκουσεν
Ἰησοῦς ὅτι ἐξέβαλον αὐτὸν ἔξω, καὶ εὑρὼν αὐτὸν εἶπε
σὺ πιστεύεις εἰς τὸν υἱὸν τοῦ ἀνθρώπου; ³⁶ καὶ τίς
ἐστιν, ἔφη, κύριε, ἵνα πιστεύσω εἰς αὐτόν; εἶπεν αὐτῷ
ὁ Ἰησοῦς· ³⁷ καὶ ἑώρακας αὐτὸν καὶ ὁ λαλῶν μετὰ
σοῦ ἐκεῖνός ἐστιν. ³⁸ Ὁ δὲ ἔφη· πιστεύω, κύριε· καὶ
προσεκύνησεν αὐτῷ. ³⁹ Καὶ εἶπεν ὁ Ἰησοῦς· εἰς κρίμα
ἐγὼ εἰς τὸν κόσμον τοῦτον ἦλθον, ἵνα οἱ μὴ βλέποντες
βλέπωσι καὶ οἱ βλέποντες τυφλοὶ γένωνται. ⁴⁰ Ἤκουσαν ἐκ τῶν Φαρισαίων ταῦτα οἱ μετ' αὐτοῦ ὄντες, καὶ
εἶπον αὐτῷ· μὴ καὶ ἡμεῖς τυφλοί ἐσμεν; ⁴¹ εἶπεν αὐτοῖς Ἰησοῦς· εἰ τυφλοὶ ἦτε, οὐκ ἂν εἴχετε ἁμαρτίαν·
νῦν δὲ λέγετε ὅτι βλέπομεν. ἡ ἁμαρτία ὑμῶν μένει.

²⁴ E i Giudei chiamarono ancora una volta colui che prima era cieco, e gli dissero: « Rendi gloria a Dio. Noi sappiamo che l'uomo del quale ci hai parlato è un peccatore ». ²⁵ Ed egli rispose: « Che sia peccatore, io non so. So una cosa: che ero cieco e ora vedo ». ²⁵ Gli dissero: « Che cosa ti ha fatto? In che modo ti aprí gli occhi? ». ²⁷ Rispose: « Ve l'ho già detto e non avete voluto ascoltare. Perché volete udirlo ancora? Forse anche voi volete diventare suoi discepoli? ». ²⁸ Essi lo insultarono dicendo: « Tu, sei un suo discepolo; noi siamo discepoli di Mosè. ²⁹ Noi sappiamo che Dio parlò a Mosè; non sappiamo invece di dove venga costui ». ³⁰ E l'uomo rispose: « Infatti, la cosa piú sorprendente è questa: che voi non sapete di dove sia, e intanto mi ha aperto gli occhi. ³¹ Noi sappiamo che Dio non ascolta i peccatori, ma ascolta chi lo teme e compie la sua volontà. ³² Da che esiste il mondo non s'è mai saputo che qualcuno abbia aperto gli occhi a un uomo nato cieco. ³³ Se costui non venisse da Dio, non avrebbe potuto farlo ». ³⁴ Gli risposero: « Tu sei nato pieno di peccati, e pensi di insegnare a noi? ». E lo cacciarono fuori dalla sinagoga. ³⁵ Gesú lo seppe, e appena lo incontrò gli disse: « Credi tu nel Figlio del l'uomo? ». ³⁶ Egli rispose: « E chi è, Signore, affinché io creda in lui? ». Gesú disse: ³⁷ « Tu lo hai visto, ed è colui che ti sta parlando ». ³⁸ Ed egli: « Io credo, Signore ». E inginocchiatosi, gli baciò il lembo della veste. ³⁹ E Gesú disse: « Io sono venuto nel mondo per fare giustizia: e cosí quelli che non vedono, vedranno, e quelli che vedono, diventeranno ciechi ». ⁴⁰ I Farisei che erano con lui udirono queste parole, e gli dissero: « Forse siamo ciechi anche noi? ». ⁴¹ Gesú rispose loro: « Se foste ciechi, non avreste alcuna colpa, ma poiché voi dite: — Noi vediamo, — questa è la vostra colpa ».

10. — ¹ Ἀμὴν ἀμὴν ὑμῖν λέγω, ὁ μὴ εἰσερχόμενος διὰ τῆς θύρας εἰς τὴν αὐλὴν τῶν προβάτων ἀλλὰ ἀναβαίνων ἀλλαχόθεν, ἐκεῖνος κλέπτης ἐστὶ καὶ λῃστής· ² ὁ δὲ εἰσερχόμενος διὰ τῆς θύρας ποιμήν ἐστι τῶν προβάτων. ³ Τούτῳ ὁ θυρωρὸς ἀνοίγει, καὶ τὰ πρόβατα τῆς φωνῆς αὐτοῦ ἀκούει, καὶ τὰ ἴδια πρόβατα φωνεῖ κατ᾽ ὄνομα καὶ ἐξάγει αὐτά. ⁴ Ὅταν τὰ ἴδια πάντα ἐκβάλῃ, ἔμπροσθεν αὐτῶν πορεύεται, καὶ τὰ πρόβατα αὐτῷ ἀκολουθεῖ, ὅτι οἴδασι τὴν φωνὴν αὐτοῦ· ⁵ ἀλλοτρίῳ δὲ οὐ μὴ ἀκολουθήσουσιν, ἀλλὰ φεύξονται ἀπ᾽ αὐτοῦ, ὅτι οὐκ οἴδασι τῶν ἀλλοτρίων τὴν φωνήν. ⁶ Ταύτην τὴν παροιμίαν εἶπεν αὐτοῖς ὁ Ἰησοῦς· ἐκεῖνοι δὲ οὐκ ἔγνωσαν τίνα ἦν ἃ ἐλάλει αὐτοῖς. ⁷ Εἶπεν οὖν πάλιν Ἰησοῦς· ἀμὴν ἀμὴν ὑμῖν λέγω, ἐγώ εἰμι ἡ θύρα τῶν προβάτων· ⁸ πάντες ὅσοι ἦλθον πρὸ ἐμοῦ κλέπται εἰσὶ καὶ λῃσταί· ἀλλ᾽ οὐκ ἤκουσαν αὐτῶν τὰ πρόβατα. ⁹ Ἐγώ εἰμι ἡ θύρα· δι᾽ ἐμοῦ ἐάν τις εἰσέλθῃ, σωθήσεται, καὶ εἰσελεύσεται καὶ ἐξελεύσεται καὶ νομὴν εὑρήσει. ¹⁰ Ὁ κλέπτης οὐκ ἔρχεται εἰ μὴ ἵνα κλέψῃ καὶ θύσῃ καὶ ἀπολέσῃ· ἐγὼ ἦλθον ἵνα ζωὴν ἔχωσι καὶ περισσὸν ἔχωσιν. ¹¹ Ἐγώ εἰμι ὁ ποιμὴν ὁ καλός. ὁ ποιμὴν ὁ καλὸς τὴν ψυχὴν αὐτοῦ τίθησιν ὑπὲρ τῶν προβάτων· ¹² Ὁ μισθωτὸς καὶ οὐκ ὢν ποιμήν, οὗ οὐκ ἔστι τὰ πρόβατα ἴδια, θεωρεῖ τὸν λύκον ἐρχόμενον καὶ ἀφίησι τὰ πρόβατα καὶ φεύγει, καὶ ὁ λύκος ἁρπάζει αὐτὰ καὶ σκορπίζει· ¹³ ὅτι μισθωτός ἐστι καὶ οὐ μέλει αὐτῷ περὶ τῶν προβάτων. ¹⁴ Ἐγώ εἰμι ὁ ποιμὴν ὁ καλός, καὶ γινώσκω τὰ ἐμὰ καὶ γινώσκουσί με τὰ ἐμά, ¹⁵ καθὼς γινώσκει με ὁ πατὴρ κἀγὼ γινώσκω τὸν πατέρα, καὶ τὴν ψυχήν μου τίθημι ὑπὲρ τῶν προβάτων. ¹⁶ Καὶ ἄλλα πρόβατα ἔχω ἃ οὐκ ἔστιν ἐκ τῆς αὐλῆς ταύτης· κἀκεῖνα δεῖ με ἀγαγεῖν, καὶ τῆς φωνῆς μου ἀκούουσι, καὶ γενήσεται μία ποίμνη, εἷς ποιμήν. ¹⁷ Διὰ τοῦτό

LA PARABOLA DEL PASTORE

X — ¹ In verità, in verità vi dico: « Chi non entra
dalla porta nell'ovile, ma vi entra da un'altra parte,
scalando il recinto, è ladro e predone. ² Invece chi entra
dalla porta, è il pastore del gregge. ³ Il guardiano apre
a lui, e le pecore ascoltano la sua voce; egli le chiama
per nome e le fa uscire dall'ovile. ⁴ E dopo aver spinto
fuori le pecore, cammina davanti a loro; ed esse lo
seguono perché conoscono la sua voce. ⁵ Non seguono
invece un forestiero, anzi fuggono da lui, perché non
conoscono la sua voce». ⁶ Gesú disse loro questa pa-
rabola; ma essi non capirono di che cosa parlasse. ⁷ Allora Gesú riprese a dire: « In verità, in verità vi dico:
— Io sono la porta per il gregge. — ⁸ Tutti coloro che
sono venuti prima di me, erano ladri e predoni; ma le
pecore non li hanno ascoltati. ⁹ Io sono la porta; e
chiunque passerà attraverso me, sarà salvo: ed entrerà,
uscirà, e troverà la pastura. ¹⁰ Il ladro viene per rubare,
uccidere e distruggere. Io sono venuto perché il gregge
abbia la vita e l'abbia in sovrabbondanza. ¹¹ Io sono il
buon pastore. Il buon pastore offre la sua vita per le
pecore: ¹² invece il mercenario, non essendo pastore
né padrone delle pecore, quando vede il lupo abban-
dona le pecore e fugge; e il lupo le afferra di colpo e
le sbrana. ¹³ E questo avviene perché è mercenario: il
mercenario non si cura delle pecore. ¹⁴ Io sono il buon
pastore e conosco le mie pecore, ed esse conoscono me:
¹⁵ cosí come il Padre conosce me ed io conosco il Padre.
E do la vita per le mie pecore. ¹⁶ Ho poi altre pecore,
che non sono di quest'ovile: bisogna che io guidi anche quelle. Esse ascolteranno la mia voce; e vi sarà
un solo ovile, un solo pastore. ¹⁷ Il Padre mio mi ama

με ὁ πατὴρ ἀγαπᾷ ὅτι ἐγὼ τίθημι τὴν ψυχήν μου, ἵνα πάλιν λάβω αὐτήν. [18] Οὐδεὶς ἦρεν αὐτὴν ἀπ' ἐμοῦ, ἀλλ' ἐγὼ τίθημι αὐτὴν ἀπ' ἐμαυτοῦ. ἐξουσίαν ἔχω θεῖναι αὐτήν, καὶ ἐξουσίαν ἔχω πάλιν λαβεῖν αὐτήν· ταύτην ⟨τὴν⟩ ἐντολὴν ἔλαβον παρὰ τοῦ πατρός μου.

[19] Σχίσμα πάλιν ἐγένετο ἐν τοῖς Ἰουδαίοις διὰ τοὺς λόγους τούτους. [20] Ἔλεγον δὲ πολλοὶ ἐξ αὐτῶν· δαιμόνιον ἔχει καὶ μαίνεται· τί αὐτοῦ ἀκούετε; [21] ἄλλοι ἔλεγον· ταῦτα τὰ ῥήματα οὐκ ἔστι δαιμονιζομένου· μὴ δαιμόνιον δύναται τυφλῶν ὀφθαλμοὺς ἀνοῖξαι;

[22] Ἐγένετο τότε τὰ ἐγκαίνια ἐν τοῖς Ἱεροσολύμοις· χειμὼν ἦν· [23] καὶ περιεπάτει Ἰησοῦς ἐν τῷ ἱερῷ ἐν τῇ στοᾷ τοῦ Σολομῶνος. [24] Ἐκύκλευσαν οὖν αὐτὸν οἱ Ἰουδαῖοι καὶ ἔλεγον αὐτῷ· ἕως πότε τὴν ψυχὴν ἡμῶν αἴρεις; εἰ σὺ εἶ ὁ Χριστός, εἰπὲ ἡμῖν παρρησίᾳ. [25] Ἀπεκρίθη αὐτοῖς ὁ Ἰησοῦς· εἶπον ὑμῖν, καὶ οὐκ ἐπιστεύσατε· τὰ ἔργα ἃ ἐγὼ ποιῶ ἐν τῷ ὀνόματι τοῦ πατρός μου, ταῦτα μαρτυρεῖ περὶ ἐμοῦ· [26] ἀλλὰ ὑμεῖς οὐ πιστεύετε, ὅτι οὐκ ἐστὲ ἐκ τῶν προβάτων τῶν ἐμῶν. [27] Τὰ πρόβατα τὰ ἐμὰ τῆς φωνῆς μου ἀκούουσι, κἀγὼ γινώσκω αὐτά, καὶ ἀκολουθοῦσί μοι, [28] κἀγὼ δίδωμι αὐτοῖς ζωὴν αἰώνιον, καὶ οὐ μὴ ἀπόλωνται εἰς τὸν αἰῶνα, καὶ οὐχ ἁρπάσει τις αὐτὰ ἐκ τῆς χειρός μου. [29] Ὁ πατήρ μου ὃ δέδωκέ μοι πάντων μεῖζόν ἐστι, καὶ οὐδεὶς δύναται ἁρπάζειν ἐκ τῆς χειρὸς τοῦ πατρός. [30] Ἐγὼ καὶ ὁ πατὴρ ἕν ἐσμεν. [31] Ἐβάστασαν πάλιν λίθους οἱ Ἰουδαῖοι, ἵνα λιθάσωσιν αὐτόν. [32] Ἀπεκρίθη αὐτοῖς ὁ Ἰησοῦς· πολλὰ ἔργα ἔδειξα ὑμῖν καλὰ ἐκ τοῦ πατρός· διὰ ποῖον αὐτῶν ἔργον ἐμὲ λιθάζετε; ἀπεκρίθησαν αὐτῷ οἱ Ἰουδαῖοι· [33] περὶ καλοῦ ἔργου οὐ λιθάζομέν σε, ἀλλὰ περὶ βλα-

per questo: perché io offro la mia vita per riceverla un'altra volta. [18] Nessuno me la prende, ma io la offro di mia volontà. Io ho il potere di darla e di riaverla: questo è il comando che ho avuto dal Padre mio ».

[19] Per queste parole, nacque nuovamente discordia fra i Giudei; [20] e molti di essi dicevano: « Egli è posseduto da un demonio, e non ragiona; perché l'ascoltate? ». [21] Ed altri dicevano: « Queste non sono parole di un uomo che ha il demonio: può il demonio aprire gli occhi ai ciechi? »

QUANDO TOGLIERAI L'ANSIA
DAL NOSTRO CUORE?

[22] Ricorreva a Gerusalemme la festa delle Encenie. Pioveva, [23] e Gesú passeggiava nel Tempio sotto il portico di Salomone, [24] quando i Giudei si raccolsero intorno a lui e gli domandarono: « Quando, dunque, toglierai l'ansia dal nostro cuore? Se tu sei il Cristo dillo a noi apertamente ». [25] E Gesú rispose: « L'ho già detto, e voi non credete. Le opere che io compio in nome del Padre, testimoniano per me; [26] ma voi non credete perché non fate parte del mio gregge. [27] Le mie pecore ascoltano la mia voce, e io le conosco. Esse mi seguono, [28] e io do loro la vita eterna: non moriranno mai, e nessuno le porterà via dalle mie mani. [29] Il Padre mio, che me le ha date, è al di sopra di tutti; e nessuno può strapparle dalle sue mani. [30] Io ed il Padre siamo una sola cosa ». [31] I Giudei presero ancora una volta delle pietre per lapidarlo. [32] E Gesú si rivolse a loro dicendo: « Io vi ho mostrato molte opere buone fatte per virtú del Padre: per quale di queste opere volete lapidarmi? ». I Giudei risposero: [33] « Noi non ti vogliamo lapidare per le buone opere

σφημίας, καὶ ὅτι σὺ ἄνθρωπος ὢν ποιεῖς σεαυτὸν θεόν. [34] Ἀπεκρίθη αὐτοῖς Ἰησοῦς· οὐκ ἔστι γεγραμμένον ἐν τῷ νόμῳ ὑμῶν ὅτι ἐγὼ εἶπα· θεοί ἐστε; [35] εἰ ἐκείνους εἶπε θεοὺς πρὸς οὓς ὁ λόγος τοῦ θεοῦ ἐγένετο, καὶ οὐ δύναται λυθῆναι ἡ γραφή, [36] ὃν ὁ πατὴρ ἡγίασε καὶ ἀπέστειλεν εἰς τὸν κόσμον ὑμεῖς λέγετε ὅτι βλασφημεῖς, ὅτι εἶπον· υἱὸς τοῦ θεοῦ εἰμι; [37] εἰ οὐ ποιῶ τὰ ἔργα τοῦ πατρός μου, μὴ πιστεύετέ μοι· [38] εἰ δὲ ποιῶ, κἂν ἐμοὶ μὴ πιστεύητε, τοῖς ἔργοις πιστεύετε, ἵνα γνῶτε καὶ γινώσκητε ὅτι ἐν ἐμοὶ ὁ πατὴρ κἀγὼ ἐν τῷ πατρί.

[39] Ἐζήτουν πάλιν αὐτὸν πιάσαι· καὶ ἐξῆλθεν ἐκ τῆς χειρὸς αὐτῶν. [40] Καὶ ἀπῆλθε πάλιν πέραν τοῦ Ἰορδάνου εἰς τὸν τόπον ὅπου ἦν Ἰωάνης τὸ πρῶτον βαπτίζων, καὶ ἔμενεν ἐκεῖ. [41] Καὶ πολλοὶ ἦλθον πρὸς αὐτὸν καὶ ἔλεγον ὅτι Ἰωάνης μὲν σημεῖον ἐποίησεν οὐδέν, πάντα δὲ ὅσα εἶπεν Ἰωάνης περὶ τούτου ἀληθῆ ἦν. [42] Καὶ πολλοὶ ἐπίστευσαν εἰς αὐτὸν ἐκεῖ.

11. — [1] Ἦν δέ τις ἀσθενῶν, Λάζαρος ἀπὸ Βηθανίας. ἐκ τῆς κώμης Μαρίας καὶ Μάρθας τῆς ἀδελφῆς αὐτῆς. [2] Ἦν δὲ Μαριὰμ, ἡ ἀλείψασα τὸν κύριον μύρῳ καὶ ἐκμάξασα τοὺς πόδας αὐτοῦ ταῖς θριξὶν αὐτῆς, ἧς ὁ ἀδελφὸς Λάζαρος ἠσθένει. [3] Ἀπέστειλαν οὖν αἱ ἀδελφαὶ πρὸς αὐτὸν λέγουσαι· κύριε, ἴδε ὃν φιλεῖς ἀσθενεῖ. [4] Ἀκούσας δὲ ὁ Ἰησοῦς εἶπεν· αὕτη ἡ ἀσθένεια οὐκ ἔστι

compiute, ma per la bestemmia contro Dio, e perché
tu, che sei uomo, ti fai Dio ». [34] Gesú rispose: « Non
è scritto nella vostra legge: *Io ho detto: voi siete
dèi*? [35] Se, dunque, la Legge chiama dèi coloro ai quali
fu rivolta la parola di Dio (e la Scrittura non può
essere smentita), [36] come potete dire voi che io, consa-
crato dal Padre e inviato nel mondo, bestemmio perché ho detto: — Io sono Figlio di Dio —? [37] Se non
compio le opere del Padre mio, voi non mi credete;
[38] ma se le compio, anche se non volete credere a me,
credete almeno alle opere: saprete cosí e riconoscerete
che il Padre è in me, e che io sono nel Padre ».

GESÚ SI RIFUGIA
AL DI LÀ DEL GIORDANO

[39] I Giudei tentarono ancora d'impadronirsi di Gesú, ma egli fuggí dalle loro mani, [40] e andò nuovamente al di là del Giordano, nel luogo dove stava Giovanni quando aveva cominciato a battezzare; e là si
fermò. [41] Molti andavano da lui; e dicevano: « Giovanni, certamente, non ha fatto dei miracoli; ma tutto
ciò che Giovanni affermò di costui, era vero ». [42] E
molti del luogo credettero in lui.

LA RESURREZIONE DI LAZZARO

XI — [1] Un certo Lazzaro, nativo di Betania, il villaggio di Maria e di Marta sua sorella, era ammalato.
[2] Maria era la donna che unse il Signore di olio pro-
fumato e gli asciugò i piedi coi suoi capelli; e Lazzaro,
il malato, era suo fratello. [3] Le sorelle mandarono a
dire a Gesú: « Signore, colui che tu ami è malato ».
[4] Gesú, udito ciò, disse: « Questa malattia non è morta-

πρὸς θάνατον ἀλλ' ὑπὲρ τῆς δόξης τοῦ θεοῦ, ἵνα δοξασθῇ ὁ υἱὸς τοῦ θεοῦ δι' αὐτῆς. ⁵ Ἠγάπα δὲ ὁ Ἰησοῦς τὴν Μάρθαν καὶ τὴν ἀδελφὴν αὐτῆς καὶ τὸν Λάζαρον. ⁶ Ὡς οὖν ἤκουσεν ὅτι ἀσθενεῖ, τότε μὲν ἔμεινεν ἐν ᾧ ἦν τόπῳ δύο ἡμέρας· ⁷ ἔπειτα μετὰ τοῦτο
λέγει τοῖς μαθηταῖς· ἄγωμεν εἰς τὴν Ἰουδαίαν πάλιν.
⁸ Λέγουσιν αὐτῷ οἱ μαθηταί· ῥαββεί, νῦν ἐζήτουν σε
λιθάσαι οἱ Ἰουδαῖοι, καὶ πάλιν ὑπάγεις ἐκεῖ; ⁹ ἀπεκρίθη Ἰησοῦς· οὐχὶ δώδεκα ὧραί εἰσι τῆς ἡμέρας; ἐάν
τις περιπατῇ ἐν τῇ ἡμέρᾳ, οὐ προσκόπτει, ὅτι τὸ φῶς
τοῦ κόσμου τούτου βλέπει· ἐὰν δέ τις περιπατῇ ἐν τῇ
νυκτί, ¹⁰ προσκόπτει, ὅτι τὸ φῶς οὐκ ἔστιν ἐν αὐτῷ.
¹¹ Ταῦτα εἶπε καὶ μετὰ τοῦτο λέγει αὐτοῖς· Λάζαρος
ὁ φίλος ἡμῶν κεκοίμηται· ἀλλὰ πορεύομαι ἵνα ἐξυπ-
νίσω αὐτόν. ¹² Εἶπαν οὖν οἱ μαθηταὶ αὐτῷ· κύριε, εἰ
κεκοίμηται, σωθήσεται. ¹³ Εἰρήκει δὲ ὁ Ἰησοῦς περὶ
τοῦ θανάτου αὐτοῦ· ἐκεῖνοι δὲ ἔδοξαν ὅτι περὶ τῆς κοι-
μήσεως τοῦ ὕπνου λέγει. ¹⁴ Τότε οὖν εἶπεν αὐτοῖς ὁ
Ἰησοῦς παρρησίᾳ· Λάζαρος ἀπέθανε, ¹⁵ καὶ χαίρω δι'
ὑμᾶς, ἵνα πιστεύσητε, ὅτι οὐκ ἤμην ἐκεῖ· ἀλλ' ἄγωμεν
πρὸς αὐτόν.

¹⁶ Εἶπεν οὖν Θωμᾶς ὁ λεγόμενος Δίδυμος τοῖς συμ-
μαθηταῖς· ἄγωμεν καὶ ἡμεῖς ἵνα ἀποθάνωμεν μετ' αὐτοῦ. ¹⁷ Ἐλθὼν οὖν ὁ Ἰησοῦς εὗρεν αὐτὸν τέσσαρας
ἤδη ἡμέρας ἔχοντα ἐν τῷ μνημείῳ.

¹⁸ Ἦν δὲ Βηθανία ἐγγὺς τῶν Ἱεροσολύμων ὡς ἀπὸ
σταδίων δεκαπέντε. ¹⁹ Πολλοὶ δὲ ἐκ τῶν Ἰουδαίων
ἐληλύθεισαν πρὸς τὴν Μάρθαν καὶ Μαριάμ, ἵνα παρα-
μυθήσωνται αὐτὰς περὶ τοῦ ἀδελφοῦ. ²⁰ Ἡ οὖν Μάρθα
ὡς ἤκουσεν ὅτι Ἰησοῦς ἔρχεται, ὑπήντησεν αὐτῷ· Μαρία δὲ ἐν τῷ οἴκῳ ἐκαθέζετο. ²¹ Εἶπεν οὖν ἡ Μάρθα
πρὸς Ἰησοῦν· ⟨ κύριε ⟩. εἰ ἦς ὧδε, οὐκ ἂν ἀπέθανεν ὁ
ἀδελφός μου. ²² Καὶ νῦν οἶδα ὅτι ὅσα ἂν αἰτήσῃ τὸν

le, ma si è manifestata per la gloria di Dio, perché per mezzo di essa il Figlio di Dio sia glorificato ». [5] Gesú voleva bene a Maria, a Marta e a Lazzaro; [6] e, dunque, quando apprese che Lazzaro era ammalato, dopo aver trascorso ancora due giorni nel luogo dove si trovava, [7] disse ai suoi discepoli: « Ritorniamo in Giudea ». [8] I discepoli risposero: « Maestro, proprio ora i Giudei cercavano di lapidarti, e tu vuoi ritornare là? ». [9] Gesú rispose: « Non sono dodici le ore del giorno? Se uno cammina di giorno, non urta contro alcun ostacolo, perché vede la luce di questo mondo; [10] ma se uno cammina di notte, inciampa, perché non ha in sé la luce ». [11] Cosí disse; e poi aggiunse: « Lazzaro, il nostro amico, dorme; ma io vado a svegliarlo ». [12] Allora i discepoli gli dissero: « Signore, se dorme, vuol dire che guarirà ». [13] Ma Gesú aveva accennato alla morte di Lazzaro, mentre essi avevano creduto che parlasse del dormire durante il sonno. [14] Allora Gesú disse loro chiaramente: « Lazzaro è morto; [15] e io sono contento per voi di non essere stato là, perché cosí crederete: ma ora andiamo da lui ».

[16] Allora Tommaso, detto Didimo, disse ai discepoli suoi compagni: «Andiamo anche noi a morire con lui ».

[17] Mentre Gesú era in cammino, seppe che Lazzaro già da quattro giorni era nel sepolcro.

[18] Betania era distante da Gerusalemme appena quindici stadi; [19] e perciò molti Giudei erano venuti da Marta e da Maria a confortarle per la morte del fratello. [20] Quando Marta udí che Gesú stava per arrivare, gli andò incontro: Maria, invece, restò in casa. [21] E Marta disse a Gesú: « Signore, se tu fossi stato qui, mio fratello non sarebbe morto; [22] ma so che anche ora Dio ti concederà qualunque cosa tu gli chiederai ».

θεὸν δώσει σοι ὁ θεός. ²³ Λέγει αὐτῇ ὁ Ἰησοῦς· ἀναστήσεται ὁ ἀδελφός σου. ²⁴ Λέγει αὐτῷ ἡ Μάρθα· οἶδα ὅτι ἀναστήσεται ἐν τῇ ἀναστάσει ἐν τῇ ἐσχάτῃ ἡμέρᾳ. ²⁵ Εἶπεν αὐτῇ ὁ Ἰησοῦς· ἐγώ εἰμι ἡ ἀνάστασις καὶ ἡ ζωή. ὁ πιστεύων εἰς ἐμὲ κἂν ἀποθάνῃ ζήσεται, ²⁶ καὶ πᾶς ὁ ζῶν καὶ πιστεύων εἰς ἐμὲ οὐ μὴ ἀποθάνῃ εἰς τὸν αἰῶνα· πιστεύεις τοῦτο; ²⁷ λέγει αὐτῷ· ναί, κύριε· ἐγὼ πεπίστευκα ὅτι σὺ εἶ ὁ Χριστὸς ὁ υἱὸς τοῦ θεοῦ ὁ εἰς τὸν κόσμον ἐρχόμενος. ²⁸ Καὶ τοῦτο εἰποῦσα ἀπῆλθε καὶ ἐφώνησε Μαριὰμ τὴν ἀδελφὴν αὐτῆς λάθρᾳ εἴπασα· ὁ διδάσκαλος πάρεστι καὶ φωνεῖ σε. ²⁹ Ἐκείνη δὲ ὡς ἤκουσεν, ἐγέρθη ταχὺ καὶ ἤρχετο πρὸς αὐτόν· ³⁰ οὔπω δὲ ἐληλύθει ὁ Ἰησοῦς εἰς τὴν κώμην, ἀλλ᾽ ἦν ἔτι ἐν τῷ τόπῳ ὅπου ὑπήντησεν αὐτῷ ἡ Μάρθα. ³¹ Οἱ οὖν Ἰουδαῖοι οἱ ὄντες μετ᾽ αὐτῆς ἐν τῇ οἰκίᾳ καὶ παραμυθούμενοι αὐτήν, ἰδόντες τὴν Μαριὰμ ὅτι ταχέως ἀνέστη καὶ ἐξῆλθεν, ἠκολούθησαν αὐτῇ, δόξαντες ὅτι ὑπάγει εἰς τὸ μνημεῖον ἵνα κλαύσῃ ἐκεῖ. ³² Ἡ οὖν Μαριὰμ ὡς ἦλθεν ὅπου ἦν Ἰησοῦς, ἰδοῦσα αὐτὸν ἔπεσεν αὐτοῦ πρὸς τοὺς πόδας, λέγουσα αὐτῷ· κύριε, εἰ ἦς ὧδε, οὐκ ἄν μου ἀπέθανεν ὁ ἀδελφός· ³³ Ἰησοῦς οὖν ὡς εἶδεν αὐτὴν κλαίουσαν καὶ τοὺς συνελθόντας αὐτῇ Ἰουδαίους κλαίοντας, ἐνεβριμήσατο τῷ πνεύματι καὶ ἐτάραξεν ἑαυτόν, ³⁴ καὶ εἶπε· ποῦ τεθείκατε αὐτόν; λέγουσιν αὐτῷ· κύριε, ἔρχου καὶ ἴδε. ³⁵ Ἐδάκρυσεν ὁ Ἰησοῦς. ³⁶ ἔλεγον οὖν οἱ Ἰουδαῖοι· ἴδε πῶς ἐφίλει αὐτόν. ³⁷ τινὲς δὲ ἐξ αὐτῶν εἶπον· οὐκ ἐδύνατο οὗτος ὁ ἀνοίξας τοὺς ὀφθαλμοὺς τοῦ τυφλοῦ ποιῆσα ἵνα καὶ οὗτος μὴ ἀποθάνῃ; ³⁸ Ἰησοῦς οὖν πάλιν ἐνβριμώμενος ἐν ἑαυτῷ ἔρχεται εἰς τὸ μνημεῖον· ἦν δὲ σπήλαιον, καὶ λίθος ἐπέκειτο ἐπ᾽ αὐτῷ. ³⁹ Λέγει ὁ Ἰησοῦς· ἄρατε τὸν λίθον. λέγει αὐτῷ ἡ ἀδελφὴ τοῦ τετελευτηκότος Μάρθα· κύριε, ἤδη ὄζει· τεταρταῖος γά ἐστι. ⁴⁰ Λέγει αὐτῇ ὁ Ἰησοῦς· οὐκ εἶπόν σοι ὅτι ἐὰ πιστεύσῃς ὄψῃ τὴν δόξαν τοῦ θεοῦ; ⁴¹ ἦραν οὖν τὸ

²³ Gesú le rispose: «Tuo fratello risusciterà». ²⁴ E
Marta gli disse: «So che risusciterà nell'ultimo giorno,
quello della resurrezione». ²⁵ E Gesú: «Io sono la
resurrezione e la vita. Chi crede in me, benché sia
morto, vivrà, ²⁹ e chiunque vive e crede in me non morirà in eterno. Credi tu questo?». ²⁷ Marta rispose:
«Sí, o Signore, io ho creduto che tu sei il Cristo, il
Figlio di Dio, venuto nel mondo». ²⁸ E dette queste
parole, andò a chiamare la sorella Maria, e le mormorò
di sfuggita: «Il maestro è qui, e ti chiama». ²⁹ Appena
udí queste parole, Maria si alzò rapida e s'incamminò
per andare da Gesú, ³⁰ che, infatti, non era ancora
giunto nel villaggio, ma stava sempre nel luogo dove
Marta lo aveva incontrato. ³¹ Quando i Giudei che
erano in casa videro Maria alzarsi in fretta ed uscire, la
seguirono pensando che andasse a piangere davanti al
sepolcro.
   ³² Intanto Maria giunse nel luogo dove si trovava
Gesú, e, appena lo vide, si gettò ai suoi piedi dicendo:
«Signore, se tu fossi stato qui, mio fratello non sarebbe morto». ³³ Gesú vedendo che Maria piangeva
e che piangevano anche i Giudei che l'accompagna-
vano, si commosse profondamente, e turbato, ³⁴ domandò: «Dove l'avete messo?». Gli risposero: «Signore, vieni e vedrai». ³⁵ Gesú pianse. ³⁶ Allora alcuni
Giudei esclamarono: «Quanto l'amava!». ³⁷ Ma altri
dissero: «Non poteva costui, che aprí gli occhi al cieco,
fare in modo che Lazzaro non morisse?». ³⁸ E Gesú, ri-
preso dalla commozione, s'incamminò verso il sepolcro, una grotta che era stata chiusa da una pietra.
³⁹ Gesú disse: «Levate la pietra». E Maria, la sorella
del morto, gli rispose: «Signore, ormai puzza, dopo
quattro giorni». ⁴⁰ Gesú le disse ancora: «Non ti ho
detto che, se tu credi, vedrai la gloria di Dio?». ⁴¹ La

λίθον. ὁ δὲ Ἰησοῦς ἦρε τοὺς ὀφθαλμοὺς ἄνω καὶ εἶπε· πάτερ, εὐχαριστῶ σοι ὅτι ἤκουσάς μου· ⁴²ἐγὼ δὲ ᾔδειν ὅτι πάντοτέ μου ἀκούεις· ἀλλὰ διὰ τὸν ὄχλον τὸν περιεστῶτα εἶπον, ἵνα πιστεύσωσιν ὅτι σύ με ἀπέστειλας. ⁴³Καὶ ταῦτα εἰπὼν φωνῇ μεγάλῃ ἐκραύγασε· Λάζαρε, δεῦρο ἔξω.

⁴⁴Ἐξῆλθεν ὁ τεθνηκὼς δεδεμένος τοὺς πόδας καὶ τὰς χεῖρας κειρίαις, καὶ ἡ ὄψις αὐτοῦ σουδαρίῳ δέδετο. Λέγει Ἰησοῦς αὐτοῖς· λύσατε αὐτὸν καὶ ἄφετε αὐτὸν ὑπάγειν.

⁴⁵Πολλοὶ οὖν ἐκ τῶν Ἰουδαίων, οἱ ἐλθόντες πρὸς τὴν Μαριὰμ καὶ θεασάμενοι ἃ ἐποίησεν, ἐπίστευσαν εἰς αὐτόν· ⁴⁶τινὲς δὲ ἐξ αὐτῶν ἀπῆλθον πρὸς τοὺς Φαρισαίους καὶ εἶπον αὐτοῖς ἃ ἐποίησεν Ἰησοῦς.

⁴⁷Συνήγαγον οὖν οἱ ἀρχιερεῖς καὶ οἱ Φαρισαῖοι συνέδριον, καὶ ἔλεγον· τί ποιοῦμεν, ὅτι οὗτος ὁ ἄνθρωπος πολλὰ ποιεῖ σημεῖα; ⁴⁸ἐὰν ἀφῶμεν αὐτὸν οὕτως, πάντες πιστεύσουσιν εἰς αὐτόν, καὶ ἐλεύσονται οἱ Ῥωμαῖοι καὶ ἀροῦσιν ἡμῶν καὶ τὸν τόπον καὶ τὸ ἔθνος.

⁴⁹Εἷς δέ τις ἐξ αὐτῶν Καϊάφας, ἀρχιερεὺς ὢν τοῦ ἐνιαυτοῦ ἐκείνου, εἶπεν αὐτοῖς· ὑμεῖς οὐκ οἴδατε οὐδέν, ⁵⁰οὐδὲ λογίζεσθε ὅτι συμφέρει ὑμῖν ἵνα εἷς ἄνθρωπος ἀποθάνῃ ὑπὲρ τοῦ λαοῦ καὶ μὴ ὅλον τὸ ἔθνος ἀπόληται. ⁵¹Τοῦτο δὲ ἀφ' ἑαυτοῦ οὐκ εἶπεν, ἀλλὰ ἀρχιερεὺς ὢν τοῦ ἐνιαυτοῦ ἐκείνου ἐπροφήτευσεν ὅτι ἔμελλεν Ἰησοῦς ἀποθνήσκειν ὑπὲρ τοῦ ἔθνους, ⁵²καὶ οὐχ ὑπὲρ τοῦ ἔθνους μόνον, ἀλλὰ ἵνα καὶ τὰ τέκνα τοῦ θεοῦ τὰ διεσκορπισμένα συναγάγῃ εἰς ἕν. ⁵³Ἀπ' ἐκείνης οὖν τῆς ἡμέρας ἐβουλεύσαντο ἵνα ἀποκτείνωσιν αὐτόν.

⁵⁴Ὁ οὖν Ἰησοῦς οὐκέτι παρρησίᾳ περιεπάτει ἐν τοῖς

pietra intanto venne tolta, e Gesú, levati gli occhi al cielo, disse: « Padre, ti ringrazio di avermi ascoltato. [12] Io sapevo che tu mi ascolti sempre; ma l'ho detto per questa gente che mi circonda, perché creda che tu mi hai mandato ». [43] E detto questo, a voce alta esclamò: « Lazzaro, vieni fuori! ».

[44] Il morto venne fuori avvolto nelle bende che tenevano legate le mani e i piedi, e col volto coperto dal sudario. Gesú disse loro: « Toglietegli le bende e lasciatelo andare ».

[45] Allora molti dei Giudei che erano venuti da Maria, e che avevano visto ciò che Gesú aveva fatto, credettero in lui; [46] ma alcuni di essi andarono a raccontare ai Farisei il miracolo di Gesú.

LA PREDIZIONE DI CAIFA
DAVANTI AL SINEDRIO

[47] I capi dei sacerdoti e i Farisei, riunito allora il Sinedrio, dissero: « Che facciamo? Quest'uomo fa molti miracoli. [48] Se lo lasciamo libero, tutti crederanno in lui: e verranno i Romani a distruggere la nostra città e la nostra terra ». [49] Caifa, uno di loro, che era sommo sacerdote in quell'anno, disse: « Voi non capite nulla, [50] e non considerate che per voi è meglio che un uomo muoia per il popolo, e non che tutta la nazione sia distrutta ». [51] Egli non disse queste parole come espressione del suo pensiero, ma perché, essendo in quell'anno sommo sacerdote, gli fu dato di predire che Gesú sarebbe presto morto per la nazione; [52] e non soltanto per la nazione, ma anche per unire, come fossero uno solo, i dispersi figli di Dio. [53] E da quel giorno decisero perciò di ucciderlo.

[54] Ora Gesú non andava piú apertamente fra i Giu-

Ιουδαίοις, ἀλλὰ ἀπῆλθεν ἐκεῖθεν εἰς τὴν χώραν ἐγγὺς τῆς ἐρήμου, εἰς Ἐφραὶμ λεγομένην πόλιν, κἀκεῖ ἔμεινε μετὰ τῶν μαθητῶν.

55 Ἦν δὲ ἐγγὺς τὸ πάσχα τῶν Ἰουδαίων, καὶ ἀνέβησαν πολλοὶ εἰς Ἱεροσόλυμα ἐκ τῆς χώρας πρὸ τοῦ πάσχα, ἵνα ἁγνίσωσιν ἑαυτούς. 56 Ἐζήτουν οὖν τὸν Ἰησοῦν καὶ ἔλεγον μετ᾽ ἀλλήλων ἐν τῷ ἱερῷ ἑστηκότες. τί δοκεῖ ὑμῖν; ὅτι οὐ μὴ ἔλθῃ εἰς τὴν ἑορτήν; 57 δεδώκεισαν δὲ οἱ ἀρχιερεῖς καὶ οἱ Φαρισαῖοι ἐντολὰς ἵνα ἐάν τις γνῷ ποῦ ἐστι μηνύσῃ, ὅπως πιάσωσιν αὐτόν.

12. — 1 Ὁ οὖν Ἰησοῦς πρὸ ἓξ ἡμερῶν τοῦ πάσχα ἦλθεν εἰς Βηθανίαν, ὅπου ἦν Λάζαρος, ὃν ἤγειρεν ἐκ νεκρῶν Ἰησοῦς. 2 Ἐποίησαν οὖν αὐτῷ δεῖπνον ἐκεῖ καὶ ἡ Μάρθα διηκόνει, ὁ δὲ Λάζαρος εἷς ἦν ἐκ τῶν ἀνακειμένων σὺν αὐτῷ.

3 Ἡ οὖν Μαριὰμ λαβοῦσα λίτραν μύρου νάρδου πιστικῆς πολυτίμου ἤλειψε τοὺς πόδας Ἰησοῦ καὶ ἐξέμαξε ταῖς θριξὶν αὐτῆς τοὺς πόδας αὐτοῦ· ἡ δὲ οἰκία ἐπληρώθη ἐκ τῆς ὀσμῆς τοῦ μύρου. 4 Λέγει δὲ Ἰούδας ὁ Ἰσκαριώτης εἷς τῶν μαθητῶν αὐτοῦ, ὁ μέλλων αὐτὸν παραδιδόναι· 5 διὰ τί τοῦτο τὸ μύρον οὐκ ἐπράθη τριακοσίων δηναρίων καὶ ἐδόθη πτωχοῖς; 6 εἶπε δὲ τοῦτο οὐχ ὅτι περὶ τῶν πτωχῶν ἔμελεν αὐτῷ, ἀλλ᾽ ὅτι κλέπτης ἦν καὶ τὸ γλωσσόκομον ἔχων τὰ βαλλόμενα ἐβάσταζεν.

7 Εἶπεν οὖν ὁ Ἰησοῦς· ἄφες αὐτήν, ἵνα εἰς τὴν ἡμέραν τοῦ ἐνταφιασμοῦ μου τηρήσῃ αὐτό· 8 τοὺς πτωχοὺς γὰρ πάντοτε ἔχετε, μεθ᾽ ἑαυτῶν, ἐμὲ δὲ οὐ πάντοτε ἔχετε.

dei, ma da Gerusalemme si era ritirato ad Efraim, città vicina al deserto. E là stava con i suoi discepoli.

⁵⁵ Si avvicinava la Pasqua dei Giudei, e molti abitanti di quella regione salirono a Gerusalemme per purificarsi prima della solenne ricorrenza. ⁵⁶ Essi cercavano Gesú; e quando furono nel Tempio, dissero tra loro: « Che ne pensate voi? Che, forse, non verrà alla festa? ».

⁵⁷ Intanto i capi dei sacerdoti e i Farisei avevano dato l'ordine, a chiunque lo conoscesse, di indicare il luogo dove Gesú si trovava, per potere cosí impadronirsi di lui.

GESÚ IN CASA DI LAZZARO

XII — ¹ Sei giorni prima della Pasqua, Gesú andò a Betania, dove abitava Lazzaro, che egli aveva risuscitato dai morti. ² E là gli prepararono una cena. Marta serviva, e Lazzaro era con Gesú fra i commensali.

³ Dopo la cena, Maria prese una libbra d'olio di nardo purissimo e di molto valore, unse i piedi di Gesú e li asciugò con i suoi capelli. Nella casa si sparse cosí dovunque il profumo del nardo. ⁴ Però Giuda Iscariota, uno dei suoi discepoli, quello che presto lo avrebbe tradito, domandò: ⁵ « Perché non si è venduto quest'olio odoroso per trecento danari da distribuirsi ai poveri? » ⁶ Egli disse ciò non perché aveva cura dei poveri, ma perché era ladro e, tenendo la borsa, di quello che vi si metteva dentro, qualcosa restava nelle sue mani.

⁷ E Gesú gli rispose: « Lasciala stare. Maria mi ha già unto per il giorno della sepoltura, ⁸ perché i poveri li avete sempre con voi, ma invece non avrete sempre me ».

⁹ Ἔγνω οὖν ὁ ὄχλος πολὺς ἐκ τῶν Ἰουδαίων ὅτι ἐκεῖ ἐστι, καὶ ἦλθον οὐ διὰ τὸν Ἰησοῦν μόνον, ἀλλ' ἵνα καὶ τὸν Λάζαρον ἴδωσιν ὃν ἤγειρεν ἐκ νεκρῶν. ¹⁰ Ἐβουλεύσαντο δέ [καὶ] οἱ ἀρχιερεῖς ἵνα καὶ τὸν Λάζαρον ἀποκτείνωσιν, ¹¹ ὅτι πολλοὶ δι' αὐτὸν ὑπῆγον τῶν Ἰουδαίων καὶ ἐπίστευον εἰς τὸν Ἰησοῦν.

¹² Τῇ ἐπαύριον ὁ ὄχλος πολὺς ὁ ἐλθὼν εἰς τὴν ἑορτήν, ἀκούσαντες ὅτι ἔρχεται ὁ Ἰησοῦς εἰς Ἱεροσόλυμα, ¹³ ἔλαβον τὰ βαΐα τῶν φοινίκων καὶ ἐξῆλθον εἰς ὑπάντησιν αὐτῷ, καὶ ἐκραύγαζον· ὡσαννά, εὐλογημένος ὁ ἐρχόμενος ἐν ὀνόματι κυρίου, καὶ ὁ βασιλεὺς τοῦ Ἰσραήλ. ¹⁴ Εὑρὼν δὲ ὁ Ἰησοῦς ὀνάριον ἐκάθισεν ἐπ' αὐτό, καθώς ἐστι γεγραμμένον· ¹⁵ μὴ φοβοῦ, θυγάτηρ Σιών· ἰδοὺ ὁ βασιλεύς σου ἔρχεται, καθήμενος ἐπὶ πῶλον ὄνου. ¹⁶ Ταῦτα οὐκ ἔγνωσαν αὐτοῦ οἱ μαθηταὶ τὸ πρῶτον, ἀλλ' ὅτε ἐδοξάσθη Ἰησοῦς, τότε ἐμνήσθησαν ὅτι ταῦτα ἦν ἐπ' αὐτῷ γεγραμμένα καὶ ταῦτα ἐποίησαν αὐτῷ. ¹⁷ Ἐμαρτύρει οὖν ὁ ὄχλος ὁ ὢν μετ' αὐτοῦ ὅτε τὸν Λάζαρον ἐφώνησεν ἐκ τοῦ μνημείου καὶ ἤγειρεν αὐτὸν ἐκ νεκρῶν. ¹⁸ Διὰ τοῦτο καὶ ὑπήντησεν αὐτῷ [καὶ] ὁ ὄχλος, ὅτι ἤκουσαν τοῦτο αὐτὸν πεποιηκέναι τὸ σημεῖον. ¹⁹ Οἱ οὖν Φαρισαῖοι εἶπαν πρὸς ἑαυτούς· θεωρεῖτε ὅτι οὐκ ὠφελεῖτε οὐδέν· ἴδε ὁ κόσμος ὀπίσω αὐτοῦ ἀπῆλ-

θεν. ²⁰ Ἦσαν δὲ Ἕλληνές τινες ἐκ τῶν ἀναβαινόντων ἵνα προσκυνήσωσιν ἐν τῇ ἑορτῇ· ²¹ οὗτοι οὖν προσῆλθον Φιλίππῳ τῷ ἀπὸ Βηθσαϊδὰ τῆς Γαλιλαίας, καὶ ἠρώτων αὐτὸν λέγοντες· κύριε, θέλομεν τὸν Ἰησοῦν

⁹ Intanto, un gran numero di Giudei, saputo che c'era Gesú, si recò a Betania; non solo per lui, ma anche per vedere Lazzaro che Gesú aveva risuscitato dai morti. ¹⁰ Perciò i capi dei sacerdoti decisero di far morire pure Lazzaro, ¹¹ dato che molti, per colpa sua, si staccavano dalla fede giudaica e credevano in Gesú.

A GERUSALEMME

¹² Il giorno dopo, l'immensa folla che era venuta alla festa, saputo che Gesú stava per arrivare a Gerusalemme, ¹³ prese dei rami di palma e uscí dalla città per andargli incontro; e gridava: « *Osanna! Benedetto colui che viene nel nome del Signore, il Re d'Israele* ».

¹⁴ Intanto Gesú veniva sopra un asinello, secondo quanto sta scritto: ¹⁵ *Non temere, o figlia di Sion! Ecco il tuo Re che viene seduto sopra un asinello.* ¹⁶ I suoi discepoli non pensarono subito a queste parole della Scrittura, ma quando Gesú fu glorificato, allora si ricordarono che esse erano state scritte per lui, e che i fatti ai quali si riferivano erano a lui accaduti. ¹⁷ La gente che si trovava con Gesú quando egli comandò a Lazzaro di venir fuori dal sepolcro, risuscitandolo dai morti, testimoniava che il miracolo era realmente avvenuto. ¹⁸ E la folla andava incontro a Gesú anche perché aveva sentito dire che egli aveva fatto questo miracolo. ¹⁹ Allora i Farisei dissero tra loro: « Vedete che non otteniamo nulla? Ecco che tutti lo seguono ».

LA VOCE DAL CIELO

²⁰ Tra coloro che erano andati alla festa per partecipare alle funzioni religiose, c'erano alcuni Gentili, ²¹ i quali, avvicinatisi a Filippo, (che era di Betsaida nella Galilea) lo pregarono dicendo: « Vogliamo ve-

ἰδεῖν. ²² Ἔρχεται ὁ Φίλιππος καὶ λέγει τῷ Ἀνδρέᾳ·
ἔρχεται Ἀνδρέας καὶ Φίλιππος καὶ λέγουσι τῷ Ἰησοῦ.
²³ ὁ δὲ Ἰησοῦς ἀποκρίνεται αὐτοῖς λέγων· ἐλήλυθεν ἡ
ὥρα ἵνα δοξασθῇ ὁ υἱὸς τοῦ ἀνθρώπου. ²⁴ Ἀμὴν ἀμὴν
λέγω ὑμῖν, ἐὰν μὴ ὁ κόκκος τοῦ σίτου πεσὼν εἰς τὴν
γῆν ἀποθάνῃ, αὐτὸς μόνος μένει· ἐὰν δὲ ἀποθάνῃ, πολὺν
καρπὸν φέρει. ²⁵ Ὁ φιλῶν τὴν ψυχὴν αὐτοῦ ἀπολλύει
αὐτήν, καὶ ὁ μισῶν τὴν ψυχὴν αὐτοῦ ἐν τῷ κόσμῳ τούτῳ
εἰς ζωὴν αἰώνιον φυλάξει αὐτήν. ²⁶ Ἐὰν ἐμοί τις διακονῇ, ἐμοὶ ἀκολουθείτω, καὶ ὅπου εἰμὶ ἐγώ, ἐκεῖ καὶ
ὁ διάκονος ὁ ἐμὸς ἔσται· ἐάν τις ἐμοὶ διακονῇ, τιμήσει
αὐτὸν ὁ πατήρ. ²⁷ Νῦν ἡ ψυχή μου τετάρακται, καὶ
τί εἴπω; πάτερ, σῶσόν με ἐκ τῆς ὥρας ταύτης. ἀλλὰ
διὰ τοῦτο ἦλθον εἰς τὴν ὥραν ταύτην. ²⁸ Πάτερ, δόξασόν μου τὸ ὄνομα. ἦλθεν οὖν φωνὴ ἐκ τοῦ οὐρανοῦ·
καὶ ἐδόξασα καὶ πάλιν δοξάσω. ²⁹ Ὁ ⟨οὖν⟩ ὄχλος
ὁ ἑστὼς καὶ ἀκούσας ἔλεγε βροντὴν γεγονέναι· ἄλλοι
ἔλεγον· ἄγγελος αὐτῷ λελάληκεν. ³⁰ Ἀπεκρίθη καὶ
εἶπεν Ἰησοῦς· οὐ δι' ἐμὲ ἡ φωνὴ αὕτη γέγονεν ἀλλὰ δι'
ὑμᾶς. ³¹ Νῦν κρίσις ἐστὶ τοῦ κόσμου τούτου· νῦν ὁ
ἄρχων τοῦ κόσμου τούτου ἐκβληθήσεται ἔξω· ³² κἀγὼ
⟨ἐ⟩ὰν ὑψωθῶ ἐκ τῆς γῆς, πάντας ἑλκύσω πρὸς ἐμαυτόν. ³³ Τοῦτο δὲ ἔλεγε σημαίνων ποίῳ θανάτῳ ἤμελλεν ἀποθνήσκειν. ³⁴ Ἀπεκρίθη οὖν αὐτῷ ὁ ὄχλος·
ἡμεῖς ἠκούσαμεν ἐκ τοῦ νόμου ὅτι ὁ Χριστὸς μένει εἰς
τὸν αἰῶνα, καὶ πῶς λέγεις σὺ ὅτι δεῖ ὑψωθῆναι τὸν υἱὸν
τοῦ ἀνθρώπου; τίς ἐστιν οὗτος ὁ υἱὸς τοῦ ἀνθρώπου;
³⁵ εἶπεν οὖν αὐτοῖς ὁ Ἰησοῦς· ἔτι μικρὸν χρόνον τὸ φῶς
ἐν ὑμῖν ἐστι. περιπατεῖτε ὡς τὸ φῶς ἔχετε, ἵνα μὴ σκοτία ὑμᾶς καταλάβῃ· καὶ ὁ περιπατῶν ἐν τῇ σκοτίᾳ οὐκ
οἶδε ποῦ ὑπάγει· ³⁶ ὡς τὸ φῶς ἔχετε, πιστεύετε εἰς
τὸ φῶς, ἵνα υἱοὶ φωτὸς γένησθε.

Ταῦτα ἐλάλησεν Ἰησοῦς, καὶ ἀπελθὼν ἐκρύβη ἀπ'
αὐτῶν.

dere Gesú ». ²² Allora Filippo lo riferí ad Andrea; e
Andrea e Filippo lo dissero a Gesú. ²³ Gesú rispose:
« È venuta l'ora in cui il Figlio dell'uomo sarà glorificato. ²⁴ In verità, in verità io vi dico: se il granello di
frumento caduto in terra non muore, resta infecondo:
se invece muore produce molto frutto. ⁵² Chi ama la
propria vita, la perde; ma chi odia la propria vita
terrena la conserverà per la vita eterna. ⁵⁶ Chi mi
vuole servire, mi segua: dove io sarò, là pure sarà il
mio servitore. Chi serve me, sarà ricompensato dal
Padre. ²⁷ Ora l'anima mia è inquieta. E che dirò:
Padre, salvami da questa ora? Ma appunto per questo
sono venuto incontro a quest'ora! ²⁸ Padre, glorifica il
mio nome ».

In quel momento una voce venne dal cielo e disse:
« L'ho glorificato, e ancora lo glorificherò ». ²⁹ Allora,
tra la gente che stava vicina a Gesú, e che aveva udito,
alcuni dicevano che era stato un tuono; ed altri: « Un
angelo gli ha parlato ». ³⁰ Gesú rispose: « Questa voce
s'è udita per voi, non per me. ³¹ Ora avrà luogo il giudizio di questo mondo: presto il suo dominatore sarà
cacciato fuori. ³² E quando io sarò innalzato da terra,
trascinerò tutto con me ». ³³ (Annunziava cosí di quale morte doveva morire fra poco.) ³⁴ La folla rispose:
« Noi sappiamo dalla Legge che il Cristo sta nel suo
luogo in eterno: come puoi tu, dunque, affermare che
il Figlio dell'uomo sarà innalzato? E chi è questo Figlio dell'uomo? ». ³⁵ Allora Gesú disse: « Ancora per
poco tempo la luce è tra voi. Camminate mentre avete
la luce; non fatevi sorprendere dalle tenebre: chi cammina nelle tenebre non sa dove vada. ³⁶ Finché avete
la luce, credete nella luce: sarete cosí figli della luce ».

Questo disse Gesú, e si allontanò da loro e non si
fece piú vedere.

³⁷ Τοσαῦτα δὲ αὐτοῦ σημεῖα πεποιηκότος ἔμπροσθεν αὐτῶν οὐκ ἐπίστευον εἰς αὐτόν, ³⁸ ἵνα ὁ λόγος Ἡσαΐου τοῦ προφήτου πληρωθῇ ὃν εἶπε· κύριε, τίς ἐπίστευσε τῇ ἀκοῇ ἡμῶν; καὶ ὁ βραχίων κυρίου τίνι ἀπεκαλύφθη; ³⁹ διὰ τοῦτο οὐκ ἠδύναντο πιστεύειν, ὅτι πάλιν εἶπεν Ἡσαΐας· ⁴⁰ τετύφλωκεν αὐτῶν τοὺς ὀφθαλμοὺς καὶ ἐπώρωσεν αὐτῶν τὴν καρδίαν, ἵνα μὴ ἴδωσι τοῖς ὀφθαλμοῖς καὶ νοήσωσι τῇ καρδίᾳ καὶ στραφῶσι, καὶ ἰάσομαι αὐτούς. ⁴¹ Ταῦτα εἶπεν Ἡσαΐας ὅτι εἶδε τὴν δόξαν αὐτοῦ, καὶ ἐλάλησε περὶ αὐτοῦ. ⁴² Ὅμως μέντοι καὶ ἐκ τῶν ἀρχόντων πολλοὶ ἐπίστευσαν εἰς αὐτόν, ἀλλὰ διὰ τοὺς Φαρισαίους οὐχ ὡμολόγουν, ἵνα μὴ ἀποσυνάγωγοι γένωνται· ⁴³ ἠγάπησαν γὰρ τὴν δόξαν τῶν ἀνθρώπων μᾶλλον ἤπερ τὴν δόξαν τοῦ θεοῦ. ⁴⁴ Ἰησοῦς δὲ ἔκραξε καὶ εἶπεν· ὁ πιστεύων εἰς ἐμὲ οὐ πιστεύει εἰς ἐμὲ ἀλλὰ εἰς τὸν πέμψαντά με, ⁴⁵ καὶ ὁ θεωρῶν ἐμὲ θεωρεῖ τὸν πέμψαντά με. ⁴⁶ Ἐγὼ φῶς εἰς τὸν κόσμον ἐλήλυθα, ἵνα ⟨ πᾶς ⟩ ὁ πιστεύων εἰς ἐμὲ ἐν τῇ σκοτίᾳ μὴ μείνῃ. ⁴⁷ Καὶ ἐάν τίς μου ἀκούσῃ τῶν ῥημάτων καὶ μὴ φυλάξῃ, ἐγὼ οὐ κρίνω αὐτόν· οὐ γὰρ ἦλθον ἵνα κρίνω τὸν κόσμον, ἀλλ᾽ ἵνα σώσω τὸν κόσμον. ⁴⁸ Ὁ ἀθετῶν ἐμὲ καὶ μὴ λαμβάνων τὰ ῥήματά μου ἔχει τὸν κρίνοντα αὐτόν· ὁ λόγος ὃν ἐλάλησα, ἐκεῖνος κρινεῖ αὐτὸν ἐν τῇ ἐσχάτῃ ἡμέρᾳ· ⁴⁹ ὅτι ἐγὼ ἐξ ἐμαυτοῦ οὐκ ἐλάλησα, ἀλλ᾽ ὁ πέμψας με πατὴρ αὐτός μοι ἐντολὴν δέδωκε τί εἴπω καὶ τί λαλήσω. ⁵⁰ Καὶ οἶδα ὅτι ἡ ἐντολὴ αὐτοῦ ζωὴ αἰώνιός ἐστιν. ἃ οὖν ἐγὼ λαλῶ, καθὼς εἴρηκέ μοι ὁ πατὴρ οὕτως λαλῶ.

CHI HA CREDUTO
ALLA NOSTRA PAROLA?

[37] Sebbene Gesú avesse compiuto molti miracoli davanti a loro, ancora i Giudei non credevano in lui, [38] perché si avverasse ciò che aveva detto il Profeta Isaia: *Chi ha creduto alla nostra parola? E a chi è stato rivelato il braccio del Signore?* [39] E anche per questo non potevano credere: perché Isaia aveva inoltre detto: [40] *Ha accecato i loro occhi e indurito i loro cuori, perché non vedano con gli occhi e non sentano col cuore, e cosí non si convertano, e io non li possa guarire.* [41] Queste cose predisse di lui Isaia, che ne vide la gloria.

[42] Però molti Giudei, anche fra i capi, credettero in lui; ma non lo confessavano per non essere dai Farisei cacciati dalla sinagoga. [43] Essi, infatti, amavano la gloria degli uomini, piú della gloria di Dio. [44] Ma Gesú, altra volta, aveva detto ad alta voce: « Chi crede in me, non crede in me, ma in colui che mi ha mandato; [45] e chi vede me, vede colui che mi ha mandato. [46] Io sono venuto come luce nel mondo, affinché chi crede in me non rimanga nelle tenebre. [47] Chi ascolta le mie parole e non le osserva, non sarà giudicato da me; perché io non sono venuto a condannare, ma a salvare il mondo. [48] Chi mi respinge e non accoglie le mie parole, ha chi lo giudica: la stessa parola che ho pronunciato, lo giudicherà nell'ultimo giorno. [49] Perché io non ho parlato con parole mie, ma il Padre che mi ha mandato, stabilí ciò che dovevo dire e che cosa dovevo rivelare. [50] E io so che il suo volere è questo: la vita eterna. Io, dunque, ripeto con le stesse parole, quello che mi ha detto il Padre.

13. — ¹ Πρὸ δὲ τῆς ἑορτῆς τοῦ πάσχα εἰδὼς ὁ Ἰησοῦς ὅτι ἦλθεν αὐτοῦ ἡ ὥρα ἵνα μεταβῇ ἐκ τοῦ κόσμου τούτου πρὸς τὸν πατέρα, ἀγαπήσας τοὺς ἰδίους τοὺς ἐν τῷ κόσμῳ, εἰς τέλος ἠγάπησεν αὐτούς. ² Καὶ δείπνου γινομένου, τοῦ διαβόλου ἤδη βεβληκότος εἰς τὴν καρδίαν ἵνα παραδοῖ αὐτὸν Ἰούδας Σίμωνος Ἰσκαριώτης, ³ εἰδὼς ὅτι πάντα ἔδωκεν αὐτῷ ὁ πατὴρ εἰς τὰς χεῖρας, καὶ ὅτι ἀπὸ θεοῦ ἐξῆλθε καὶ πρὸς τὸν θεὸν ὑπάγει, ⁴ ἐγείρεται ἐκ τοῦ δείπνου καὶ τίθησι τὰ ἱμάτια, καὶ λαβὼν λέντιον διέζωσεν ἑαυτόν· ⁵ εἶτα βάλλει ὕδωρ εἰς τὸν νιπτῆρα, καὶ ἤρξατο νίπτειν τοὺς πόδας τῶν μαθητῶν καὶ ἐκμάσσειν τῷ λεντίῳ ᾧ ἦν διεζωσμένος. ⁶ Ἔρχεται οὖν πρὸς Σίμωνα Πέτρον· λέγει αὐτῷ· κύριε, σύ μου νίπτεις τοὺς πόδας; ⁷ ἀπεκρίθη Ἰησοῦς καὶ εἶπεν αὐτῷ· ὃ ἐγὼ ποιῶ σὺ οὐκ οἶδας ἄρτι, γνώσῃ δὲ μετὰ ταῦτα. ⁸ Λέγει αὐτῷ Πέτρος· οὐ μὴ νίψῃς μου τοὺς πόδας εἰς τὸν αἰῶνα. ἀπεκρίθη Ἰησοῦς αὐτῷ· ἐὰν μὴ νίψω σε, οὐκ ἔχεις μέρος μετ' ἐμοῦ. ⁹ Λέγει αὐτῷ Πέτρος Σίμων· κύριε, μὴ τοὺς πόδας μου μόνον ἀλλὰ καὶ τὰς χεῖρας καὶ τὴν κεφαλήν. ¹⁰ Λέγει αὐτῷ Ἰησοῦς· ὁ λελουμένος οὐκ ἔχει χρείαν εἰ μὴ τοὺς πόδας νίψασθαι, ἀλλ' ἔστι καθαρὸς ὅλος· καὶ ὑμεῖς καθαροί ἐστε, ἀλλ' οὐχὶ πάντες. ¹¹ ἤδει γὰρ τὸν παραδιδόντα αὐτόν· διὰ τοῦτο εἶπεν ὅτι οὐχὶ πάντες καθαροί ἐστε. ¹² Ὅτε οὖν ἔνιψε τοὺς πόδας αὐτῶν καὶ ἔλαβε τὰ ἱμάτια αὐτοῦ καὶ ἀνέπεσε πάλιν, εἶπεν αὐτοῖς· γινώσκετε τί πεποίηκα ὑμῖν; ὑμεῖς φωνεῖτέ με· ¹³ ὁ διδάσκαλος καὶ ὁ κύριος, καὶ καλῶς λέγετε· εἰμὶ γάρ· ¹⁴ εἰ οὖν ἐγὼ ἔνιψα ὑμῶν τοὺς πόδας ὁ κύριος καὶ ὁ διδάσκαλος, καὶ ὑμεῖς ὀφείλετε ἀλλήλων νίπτειν τοὺς πόδας· ¹⁵ ὑπόδειγμα γὰρ ἔδωκα ὑμῖν ἵνα καθὼς ἐγὼ ἐποίησα ὑμῖν καὶ ὑμεῖς

L'ULTIMA CENA

XIII — [1] Prima della festa di Pasqua, sapendo che
l'ora di passare da questo mondo al Padre era giunta,
Gesú, che aveva amato nel mondo i suoi discepoli, li
amò sino alla fine. [2] Terminata la cena (già il demonio, per spingerlo a tradire Gesú, era entrato nel cuore
di Giuda, figlio di Simone Iscariota), [3] sapendo Gesú
che il Padre aveva affidato ogni cosa nelle sue mani,
e che era venuto da Dio e che a Dio ritornava, [4] si alzò da tavola, si tolse la veste e, preso un panno di
tela, se lo mise intorno ai fianchi. [5] Poi versò dell'acqua in un catino, e cominciò a lavare i piedi ai suoi
discepoli e ad asciugarli col panno che aveva intorno
ai fianchi. [6] Giunto, però, il suo turno, Simon Pietro
gli disse: « Tu, Signore, vuoi lavare i miei piedi? »
[7] Gesú gli rispose: « Ora tu non capisci ciò che sto
facendo, ma lo saprai dopo ». [8] E Pietro: « Tu non mi
laverai mai i piedi ». Gesú disse: « Se non te li fai
lavare, non sarai dalla mia parte ». [9] Rispose allora
Simon Pietro: « Signore, non solo i piedi, ma anche
le mani e il capo ». [10] Gesú disse: « Chi si è già lavato, non ha bisogno che di lavarsi i piedi: ma poi è
tutto pulito. Anche voi, ma non tutti, siete puliti ».
[11] Egli, infatti, sapeva che c'era fra loro chi lo avrebbe
tradito; e perciò aveva detto: — Non siete tutti puliti.
   [12] Dopo aver lavato i piedi ai suoi discepoli, ripresa
la sua veste, si mise di nuovo a tavola, e disse: « Avete
capito che cosa vi ho fatto? [13] Voi mi chiamate Maestro e Signore; e dite bene, perché lo sono: [14] se dunque, io, Signore e Maestro, ho lavato i vostri piedi,
anche voi dovete lavarveli l'un l'altro. [15] Vi ho dato
l'esempio per spingervi a fare ciò che io ho fatto a

ποιῆτε. ¹⁶ Ἀμὴν ἀμὴν λέγω ὑμῖν, οὐκ ἔστι δοῦλος μείζων τοῦ κυρίου αὐτοῦ, οὐδὲ ἀπόστολος μείζων τοῦ πέμψαντος αὐτόν. ¹⁷ Εἰ ταῦτα οἴδατε, μακάριοί ἐστε ἐὰν ποιῆτε αὐτά. ¹⁸ Οὐ περὶ πάντων ὑμῶν λέγω· ἐγὼ οἶδα τίνας ἐξελεξάμην· ἀλλ᾽ ἵνα ἡ γραφὴ πληρωθῇ· ὁ τρώγων μου τὸν ἄρτον ἐπῆρεν ⟨ἐπ᾽⟩ ἐμὲ τὴν πτέρναν αὐτοῦ. ¹⁹ Ἀπ᾽ ἄρτι λέγω ὑμῖν πρὸ τοῦ γενέσθαι, ἵνα πιστεύητε ὅταν γένηται ὅτι ἐγώ εἰμι. ²⁰ Ἀμὴν ἀμὴν λέγω ὑμῖν, ὁ λαμβάνων ἄν τινα πέμψω ἐμὲ λαμβάνει, ὁ δὲ ἐμὲ λαμβάνων λαμβάνει τὸν πέμψαντά με.

²¹ Ταῦτα εἰπὼν Ἰησοῦς ἐταράχθη τῷ πνεύματι καὶ ἐμαρτύρησε καὶ εἶπεν· ἀμὴν ἀμὴν ὑμῖν λέγω ὅτι εἷς ἐξ ὑμῶν παραδώσει με. ²² Ἔβλεπον εἰς ἀλλήλους οἱ μαθηταὶ ἀπορούμενοι περὶ τίνος λέγει. ²³ Ἦν ἀνακείμενος εἷς ἐκ τῶν μαθητῶν αὐτοῦ ἐν τῷ κόλπῳ τοῦ Ἰησοῦ, ὃν ἠγάπα Ἰησοῦς· ²⁴ νεύει οὖν τούτῳ Σίμων Πέτρος καὶ λέγει αὐτῷ· εἰπὲ τίς ἐστι περὶ οὗ λέγει. ²⁵ Ἀναπεσὼν ἐκεῖνος οὕτως ἐπὶ τὸ στῆθος τοῦ Ἰησοῦ λέγει αὐτῷ· ²⁶ κύριε, τίς ἐστιν; ἀποκρίνεται οὖν Ἰησοῦς· ἐκεῖνός ἐστιν ᾧ ἐγὼ βάψω τὸ ψωμίον καὶ δώσω αὐτῷ. βάψας οὖν ψωμίον λαμβάνει καὶ δίδωσιν Ἰούδα Σίμωνος Ἰσκαριώτου. ²⁷ Καὶ μετὰ τὸ ψωμίον τότε εἰσῆλθεν εἰς ἐκεῖνον ὁ σατανᾶς. λέγει οὖν αὐτῷ Ἰησοῦς· ὃ ποιεῖς ποίησον τάχιον. ²⁸ Τοῦτο ⟨δὲ⟩ οὐδεὶς ἔγνω τῶν ἀνακειμένων πρὸς τί εἶπεν αὐτῷ· ²⁹ τινὲς γὰρ ἐδόκουν, ἐπεὶ τὸ γλωσσόκομον εἶχεν Ἰούδας, ὅτι λέγει αὐτῷ Ἰησοῦς ἀγόρασον ὧν χρείαν ἔχομεν εἰς τὴν ἑορτήν, ἢ τοῖς πτωχοῖς ἵνα τι δῷ.

voi. [16] In verità, in verità vi dico che non c'è servo al di sopra del padrone, né apostolo al di sopra di chi lo ha mandato. [17] Se voi imparerete queste cose, e le farete, sarete beati. [18] Io non parlo di tutti voi; io so quelli che ho scelto; si compie cosí la Scrittura: — *Chi mangia il mio pane, ha alzato il calcagno su di me.* — [19] Io ve lo dico ora, prima che questo avvenga, cosí voi, quando sarà avvenuto, crederete che IO SONO. [20] In verità, in verità vi dico: Chi accoglie colui che io manderò, riceve me; e chi riceve me, riceve colui che mi ha mandato ».

UNO DI VOI MI TRADIRÀ

[21] Dopo queste parole, Gesú era molto turbato; però disse con fermezza: « In verità, in verità vi dico: Uno di voi mi tradirà ». [22] I discepoli si guardarono l'un l'altro dubbiosi, perché non capivano di chi parlasse. [23] Uno dei discepoli, quello che Gesú amava sopra gli altri, disteso a tavola vicino a lui, stava appoggiato al suo petto. [24] Allora Simon Pietro, chinandosi verso di lui gli disse: « Dimmi, di chi parla? » [25] E il discepolo, cosí come stava sul petto di Gesú, domandò: « Chi è, Signore? » [26] Gesú gli rispose: « Colui al quale io darò un pezzetto di pane inzuppato ».

E preso, quindi, un po' di pane, lo inzuppò e lo porse a Giuda, figlio di Simone Iscariota. [27] E, subito dopo, Satana entrò nel cuore di Giuda.

Allora Gesú gli disse: « Fai al piú presto quello che devi fare ». [28] Ma nessuno di coloro che stavano a tavola, capí le parole che aveva dette a Giuda. [29] Infatti, poiché Giuda portava la borsa, alcuni credettero che Gesú gli avesse detto: — Compra quello che ci oc-

³⁰ Λαβὼν οὖν τὸ ψωμίον ἐκεῖνος ἐξῆλθεν εὐθύς· ἦν δὲ νύξ.

³¹ Ὅτε οὖν ἐξῆλθε, λέγει Ἰησοῦς· νῦν ἐδοξάσθη ὁ υἱὸς τοῦ ἀνθρώπου, καὶ ὁ θεὸς ἐδοξάσθη ἐν αὐτῷ· ³² εἰ ὁ θεὸς ἐδοξάσθη ἐν αὐτῷ, καὶ ὁ θεὸς δοξάσει αὐτὸν ἐν αὐτῷ, καὶ εὐθὺς δοξάσει αὐτόν. ³³ Τεκνία, ἔτι μικρὸν μεθ' ὑμῶν εἰμι· ζητήσετέ με, καὶ καθὼς εἶπον τοῖς Ἰουδαίοις ὅτι ὅπου ἐγὼ ὑπάγω ὑμεῖς οὐ δύνασθε ἐλθεῖν, καὶ ὑμῖν λέγω ἄρτι. ³⁴ Ἐντολὴν καινὴν δίδωμι ὑμῖν, ἵνα ἀγαπᾶτε ἀλλήλους, καθὼς ἠγάπησα ὑμᾶς ἵνα καὶ ὑμεῖς ἀγαπᾶτε ἀλλήλους. ³⁵ Ἐν τούτῳ γνώσονται πάντες ὅτι ἐμοὶ μαθηταί ἐστε, ἐὰν ἀγάπην ἔχητε ἐν ἀλλήλοις.

³⁶ Λέγει αὐτῷ Σίμων Πέτρος· κύριε, ποῦ ὑπάγεις; ἀπεκρίθη Ἰησοῦς· ὅπου ὑπάγω οὐ δύνασαί μοι νῦν ἀκολουθῆσαι, ἀκολουθήσεις δὲ ὕστερον. ³⁷ Λέγει αὐτῷ ὁ Πέτρος· κύριε, διὰ τί οὐ δύναμαί σοι ἀκολουθεῖν ἄρτι; τὴν ψυχήν μου ὑπὲρ σοῦ θήσω. ³⁸ Ἀποκρίνεται Ἰησοῦς· τὴν ψυχήν σου ὑπὲρ ἐμοῦ θήσεις; ἀμὴν ἀμὴν λέγω σοι, οὐ μὴ ἀλέκτωρ φωνήσῃ ἕως οὗ ἀρνήσῃ με τρίς.

14. — ¹ Μὴ ταρασσέσθω ὑμῶν ἡ καρδία· πιστεύετε εἰς τὸν θεόν, καὶ εἰς ἐμὲ πιστεύετε. ² Ἐν τῇ οἰκίᾳ τοῦ πατρός μου μοναὶ πολλαί εἰσιν· εἰ δὲ μή, εἶπον ἂν ὑμῖν ὅτι πορεύομαι ἑτοιμάσαι τόπον ὑμῖν. ³ Καὶ ἐὰν πορευθῶ καὶ ἑτοιμάσω τόπον ὑμῖν, πάλιν ἔρχομαι καὶ

corre per la festa —; o — Devi dare qualcosa ai poveri. — ³⁰ Intanto Giuda, preso il boccone, uscí subito. Ed era notte.

AMATEVI L'UN L'ALTRO

³¹ Quando Giuda fu uscito, Gesú disse: « Ora il Figlio dell'uomo è stato glorificato, e Dio è stato glorificato in lui. ³² Se Dio fu glorificato in lui, anche Dio lo glorificherà in se stesso; e lo glorificherà presto. ³³ Ancora per poco tempo, o miei figli, sarò con voi. Voi mi cercherete, ma: – Dove io vado, voi non potrete venire; – cosí come dissi ai Giudei, dico ora anche a voi. ³⁴ Io vi do un nuovo comandamento: Amatevi l'un l'altro. Come io ho amato voi, anche voi amatevi l'un l'altro. ³⁵ E se vi amerete l'un l'altro, proprio da questo, tutti riconosceranno che siete miei discepoli ».

LO ZELO DI SIMON PIETRO

³⁶ Simon Pietro disse a Gesú: « Signore, dove vai? » Gesú gli rispose: « Nel luogo dove io vado, tu per ora non puoi seguirmi: mi seguirai piú tardi ». ³⁷ E Pietro: « Signore, perché non posso seguirti ora? Io darò la mia vita per te ». ³⁸ Gesú gli rispose: « Tu darai la tua vita per me? In verità, in verità ti dico: prima che canti il gallo, tu mi avrai rinnegato tre volte ».

IL PARACLETO

XIV — ¹ « Il vostro cuore non sia turbato; credete in Dio, e credete anche in me. ² Nella casa del Padre mio vi sono molti luoghi dove stare: se cosí non fosse, ve lo avrei detto. Vado a preparare un posto per voi; ³ e quando lo avrò preparato, tornerò e vi prenderò con

παραλήμψομαι ὑμᾶς πρὸς ἐμαυτόν, ἵνα ὅπου εἰμὶ ἐγὼ καὶ ὑμεῖς ἦτε. ⁴Καὶ ὅπου ἐγὼ ὑπάγω οἴδατε τὴν ὁδόν.

⁵Λέγει αὐτῷ Θωμᾶς· κύριε, οὐκ οἴδαμεν ποῦ ὑπάγεις· πῶς οἴδαμεν τὴν ὁδόν; ⁶λέγει αὐτῷ ὁ Ἰησοῦς· ἐγώ εἰμι ἡ ὁδὸς καὶ ἡ ἀλήθεια καὶ ἡ ζωή· οὐδεὶς ἔρχεται πρὸς τὸν πατέρα εἰ μὴ δι᾽ ἐμοῦ. ⁷Εἰ ἐγνώκειτέ με, καὶ τὸν πατέρα μου ἂν ᾔδειτε. ἀπ᾽ ἄρτι γινώσκετε αὐτὸν καὶ ἑωράκατε.

⁸Λέγει αὐτῷ Φίλιππος· κύριε, δεῖξον ἡμῖν τὸν πατέρα, καὶ ἀρκεῖ ἡμῖν. ⁹Λέγει αὐτῷ ὁ Ἰησοῦς· τοσοῦτον χρόνον μεθ᾽ ὑμῶν εἰμι καὶ οὐκ ἔγνωκάς με, Φίλιππε; ὁ ἑωρακὼς ἐμὲ ἑώρακε τὸν πατέρα· πῶς σὺ λέγεις· δεῖξον ἡμῖν τὸν πατέρα; ¹⁰οὐ πιστεύεις ὅτι ἐγὼ ἐν τῷ πατρὶ καὶ ὁ πατὴρ ἐν ἐμοί ἐστι; τὰ ῥήματα ἃ ἐγὼ λέγω ὑμῖν ἀπ᾽ ἐμαυτοῦ οὐ λαλῶ· ὁ δὲ πατὴρ ἐν ἐμοὶ μένων ποιεῖ τὰ ἔργα αὐτοῦ· ¹¹πιστεύετέ μοι ὅτι ἐγὼ ἐν τῷ πατρὶ καὶ ὁ πατὴρ ἐν ἐμοί· εἰ δὲ μή, διὰ τὰ ἔργα αὐτοῦ πιστεύετέ μοι. ¹²Ἀμὴν ἀμὴν λέγω ὑμῖν, ὁ πιστεύων εἰς ἐμὲ τὰ ἔργα ἃ ἐγὼ ποιῶ κἀκεῖνος ποιήσει, καὶ μείζονα τούτων ποιήσει, ὅτι ἐγὼ πρὸς τὸν πατέρα πορεύομαι· ¹³καὶ ὅ τι ἂν αἰτῆτε ἐν τῷ ὀνόματί μου, τοῦτο ποιήσω, ἵνα δοξασθῇ ὁ πατὴρ ἐν τῷ υἱῷ.

¹⁴Ἐάν τι αἰτήσητέ με ἐν τῷ ὀνόματί μου, τοῦτο ποιήσω ¹⁵Ἐὰν ἀγαπᾶτέ με, τὰς ἐντολὰς τὰς ἐμὰς τηρήσετε, ¹ κἀγὼ ἐρωτήσω τὸν πατέρα καὶ ἄλλον παράκλητον δώσει ὑμῖν ἵνα μεθ᾽ ὑμῶν εἰς τὸν αἰῶνα ᾖ. ¹⁷τὸ πνεῦμ τῆς ἀληθείας, ὃ ὁ κόσμος οὐ δύναται λαβεῖν, ὅτι ο θεωρεῖ αὐτὸ οὐδὲ γινώσκει· ὑμεῖς γινώσκετε αὐτό, ὅτ παρ᾽ ὑμῖν μένει καὶ ἐν ὑμῖν ἐστιν. ¹⁸Οὐκ ἀφήσω ὑμᾶ ὀρφανούς, ἔρχομαι πρὸς ὑμᾶς. ¹⁹Ἔτι μικρὸν καὶ κόσμος με οὐκέτι θεωρεῖ, ὑμεῖς δὲ θεωρεῖτέ με, ὅτ ἐγὼ ζῶ καὶ ὑμεῖς ζήσετε. ²⁰Ἐν ἐκείνῃ τῇ ἡμέρᾳ ὑμεῖ γνώσεσθε ὅτι ἐγὼ ἐν τῷ πατρί μου καὶ ὑμεῖς ἐν ἐμο

me: cosí, dove sarò io, sarete anche voi. [4] Voi conoscete la via del luogo dove io vado ».

[5] Allora Tommaso gli domandò: « Signore, noi non sappiamo dove tu vai; come possiamo conoscerne la via? » [6] Gesú gli rispose: « Io sono la via, la verità e la vita. Nessuno può andare dal Padre, se non passa attraverso me. [7] Se voi mi aveste conosciuto, avreste conosciuto anche il Padre mio: però da questo momento voi lo conoscete e lo avete visto ». [8] E Filippo gli disse: « Facci vedere il Padre: ciò sarà sufficiente per noi ». [9] Gesú rispose: « Da tanto tempo sono con voi e tu, Filippo, non mi hai conosciuto? Chi ha visto me, ha visto anche il Padre. Come puoi dire: — Facci vedere il Padre —? [10] Non credi che io sono nel Padre, e che il Padre è in me? Le parole che io dico a voi non vengono dalla mia mente, ma il Padre che è in me, esprime il suo pensiero. [11] Credetemi: io sono nel Padre, e il Padre è in me: credetemi almeno in virtú delle opere. [12] In verità, in verità vi dico: Chi crede in me farà le stesse opere che io compio; anzi farà delle opere maggiori delle mie. Io vado ora dal Padre; [13] e quello che domanderete nel mio nome, io lo farò perché il Padre sia glorificato nel Figlio.

[14] Se chiederete qualcosa nel mio nome, io la farò. [15] Se mi amate, osservate i miei comandamenti; [16] e io pregherò il Padre, ed egli vi darà, perché stia con voi per sempre, un altro Paracleto, [17] lo Spirito, cioè, della verità, che il mondo non può intendere perché non lo vede e non lo conosce. Ma voi lo conoscerete perché starà con voi, e sarà in voi.

[18] Non vi lascerò orfani: tornerò tra voi. [19] Ancora poco tempo, e il mondo non mi vedrà piú: ma voi mi vedrete, perché io vivo e voi vivrete. [20] In quel giorno conoscerete che io sono nel Padre mio, e che voi siete

κἀγὼ ἐν ὑμῖν. ²¹ Ὁ ἔχων τὰς ἐντολάς μου καὶ τηρῶν αὐτάς, ἐκεῖνός ἐστιν ὁ ἀγαπῶν με· ὁ δὲ ἀγαπῶν με ἀγαπηθήσεται ὑπὸ τοῦ πατρός μου, κἀγὼ ἀγαπήσω αὐτὸν καὶ ἐμφανίσω αὐτῷ ἐμαυτόν.

²² Λέγει αὐτῷ Ἰούδας οὐχ ὁ Ἰσκαριώτης· κύριε, τί γέγονεν ὅτι ἡμῖν μέλλεις ἐμφανίζειν σεαυτὸν καὶ οὐχὶ τῷ κόσμῳ; ²³ ἀπεκρίθη Ἰησοῦς καὶ εἶπεν αὐτῷ· ἐάν τις ἀγαπᾷ με, τὸν λόγον μου τηρήσει, καὶ ὁ πατήρ μου ἀγαπήσει αὐτόν, καὶ πρὸς αὐτὸν ἐλευσόμεθα καὶ μονὴν παρ' αὐτῷ ποιησόμεθα. ²⁴ Ὁ μὴ ἀγαπῶν με τοὺς λόγους μου οὐ τηρεῖ· καὶ ὁ λόγος ὃν ἀκούετε οὐκ ἔστιν ἐμὸς ἀλλὰ τοῦ πέμψαντός με πατρός.

²⁵ Ταῦτα λελάληκα ὑμῖν παρ' ὑμῖν μένων. ²⁶ ὁ δὲ παράκλητος, τὸ πνεῦμα τὸ ἅγιον ὃ πέμψει ὁ πατὴρ ἐν τῷ ὀνόματί μου, ἐκεῖνος ὑμᾶς διδάξει πάντα καὶ ὑπομνήσει ὑμᾶς πάντα ἃ εἶπον ὑμῖν ἐγώ. ²⁷ Εἰρήνην ἀφίημι ὑμῖν, εἰρήνην τὴν ἐμὴν δίδωμι ὑμῖν· οὐ καθὼς ὁ κόσμος δίδωσιν ἐγὼ δίδωμι ὑμῖν. μὴ ταρασσέσθω ὑμῶν ἡ καρδία μηδὲ δειλιάτω. ²⁸ Ἠκούσατε ὅτι ἐγὼ εἶπον ὑμῖν· ὑπάγω καὶ ἔρχομαι πρὸς ὑμᾶς. εἰ ἠγαπᾶτέ με, ἐχάρητε ἂν ὅτι πορεύομαι πρὸς τὸν πατέρα, ὅτι ὁ πατὴρ μείζων μού ἐστι. ²⁹ Καὶ νῦν εἴρηκα ὑμῖν πρὶν γενέσθαι, ἵνα ὅταν γένηται πιστεύσητε. ³⁰ Οὐκέτι πολλὰ λαλήσω μεθ' ὑμῶν, ἔρχεται γὰρ ὁ τοῦ κόσμου ἄρχων καὶ ἐν ἐμοὶ οὐκ ἔχει οὐδέν, ³¹ ἀλλ' ἵνα γνῷ ὁ κόσμος ὅτι ἀγαπῶ τὸν πατέρα, καὶ καθὼς ἐντολὴν ἔδωκέ μοι ὁ πατήρ, οὕτως ποιῶ. ἐγείρεσθε, ἄγωμεν ἐντεῦθεν.

15. — ¹ Ἐγώ εἰμι ἡ ἄμπελος ἡ ἀληθινή, καὶ ὁ πατήρ μου ὁ γεωργός ἐστι. ² Πᾶν κλῆμα ἐν ἐμοὶ μὴ φέρον καρπόν, αἴρει αὐτό, καὶ πᾶν τὸ καρπὸν φέρον, κα-

in me, ed io in voi. ²¹ Chi conosce i miei comandamen·
ti e li osserva, mi ama; e chi mi ama sarà amato dal
Padre mio, ed io l'amerò e mi rivelerò a lui ».

²² Giuda (ma non l'Iscariota), gli domandò: « Signore, che cosa è accaduto: perché pensi di rivelarti
a noi, e non al mondo? ». ²³ Gesú gli rispose: « Chi
mi ama osserverà la mia parola, e il Padre mio l'ame-
rà: e andremo da lui, e abiteremo con lui. ²⁴ Chi non
mi ama non osserva le mie parole: e la parola che
avete ascoltato non era mia, ma del Padre che mi ha
mandato.

« ²⁵ Vi ho voluto dire queste cose mentre mi trovo ancora con voi; ²⁶ ma il Paracleto, lo Spirito Santo che
il Padre manderà nel mio nome, v'insegnerà ogni cosa
e vi rammenterà tutto quello che vi ho detto. ²⁷ Lascio
a voi la pace, io do la mia pace: e non la do come la
dà il mondo. Il vostro cuore non abbia turbamenti,
né timori. ²⁸ Avete udito ciò che vi ho detto: — Io
me ne vado, e ritornerò da voi. Se mi amate dovete
essere lieti che io vado dal Padre perché il Padre è al
di sopra di me. — ²⁹ E lo ripeto ora, prima che avvenga: cosí, quando sarà avvenuto, crederete. ³⁰ Io non
dirò ancora molte cose a voi, perché viene il dominatore di questo mondo. Egli non possiede nulla che sia
dentro di me, ³¹ ma viene perché il mondo conosca
che io amo il Padre, e che faccio quello che il Padre
mi ha comandato.

« Ora alzatevi: andiamo via di qui. »

IO SONO LA VITE E VOI I TRALCI

XV — ¹ « Io sono la vera vite, e il Padre mio è il
vignaiolo. ² Ogni mio tralcio che non dà frutto, egli
lo recide; e ogni tralcio che porta frutto, lo monda

θαίρει αὐτό, ἵνα καρπὸν πλείονα φέρῃ. ³ Ἤδη ὑμεῖς καθαροί ἐστε διὰ τὸν λόγον ὃν λελάληκα ὑμῖν. ⁴ μείνατε ἐν ἐμοί, κἀγὼ ἐν ὑμῖν. καθὼς τὸ κλῆμα οὐ δύναται καρπὸν φέρειν ἀφ᾽ ἑαυτοῦ ἐὰν μὴ μένῃ ἐν τῇ ἀμπέλῳ, οὕτως οὐδὲ ὑμεῖς ἐὰν μὴ ἐν ἐμοὶ μένητε. ⁵ Ἐγώ εἰμι ἡ ἄμπελος, ὑμεῖς τὰ κλήματα. ὁ μένων ἐν ἐμοὶ κἀγὼ ἐν αὐτῷ, οὗτος φέρει καρπὸν πολὺν ὅτι χωρὶς ἐμοῦ οὐ δύνασθε ποιεῖν οὐδὲ ἕν. ⁶ Ἐὰν μή τις μένῃ ἐν ἐμοί, ἐβλήθη ἔξω ὡς τὸ κλῆμα καὶ ἐξηράνθη, καὶ συνάγουσιν αὐτὰ καὶ εἰς τὸ πῦρ βάλλουσι, καὶ καίεται. ⁷ Ἐὰν μείνητε ἐν ἐμοὶ καὶ τὰ ῥήματά μου ἐν ὑμῖν μείνῃ, ὃ ἂν θέλητε αἰτήσασθε, καὶ γενήσεται ὑμῖν. ⁸ Ἐν τούτῳ ἐδοξάσθη ὁ πατήρ μου, ἵνα καρπὸν πολὺν φέρητε καὶ γένησθε ἐμοὶ μαθηταί. ⁹ Καθὼς ἠγάπησέ με ὁ πατήρ, κἀγὼ ὑμᾶς ἠγάπησα· μείνατε ἐν τῇ ἀγάπῃ τῇ ἐμῇ. ¹⁰ Ἐὰν τὰς ἐντολάς μου τηρήσητε, μενεῖτε ἐν τῇ ἀγάπῃ μου, καθὼς ἐγὼ τοῦ πατρός ⟨μου⟩ τὰς ἐντολὰς τετήρηκα καὶ μένω αὐτοῦ ἐν τῇ ἀγάπῃ. ¹¹ Ταῦτα λελάληκα ὑμῖν ἵνα ἡ χαρὰ ἡ ἐμὴ ἐν ὑμῖν ᾖ καὶ ἡ χαρὰ ὑμῶν πληρωθῇ.

¹² Αὕτη ἐστὶν ἡ ἐντολὴ ἡ ἐμή, ἵνα ἀγαπᾶτε ἀλλήλους καθὼς ἠγάπησα ὑμᾶς. ¹³ Μείζονα ταύτης ἀγάπην οὐδεὶς ἔχει, ἵνα τις τὴν ψυχὴν αὐτοῦ θῇ ὑπὲρ τῶν φίλων αὐτοῦ. ¹⁴ Ὑμεῖς φίλοι μού ἐστε, ἐὰν ποιῆτε ὃ ἐγὼ ἐντέλλομαι ὑμῖν. ¹⁵ Οὐκέτι λέγω ὑμᾶς δούλους, ὅτι ὁ δοῦλος οὐκ οἶδε τί ποιεῖ αὐτοῦ ὁ κύριος· ὑμᾶς δὲ εἴρηκα φίλους, ὅτι πάντα ἃ ἤκουσα παρὰ τοῦ πατρός μου ἐγνώρισα ὑμῖν. ¹⁶ Οὐχ ὑμεῖς με ἐξελέξασθε, ἀλλ᾽ ἐγὼ ἐξελεξάμην ὑμᾶς, καὶ ἔθηκα ὑμᾶς ἵνα ὑμεῖς ὑπάγητε καὶ καρπὸν φέρητε καὶ ὁ καρπὸς ὑμῶν μένῃ, ἵνα ὅ τι ἂν αἰτῆτε τὸν πατέρα ἐν τῷ ὀνόματί μου δῷ ὑμῖν. ¹⁷ Ταῦτα ἐντέλλομαι ὑμῖν, ἵνα ἀγαπᾶτε ἀλλήλους·

perché ne produca di piú. ³ Voi siete già mondi in virtú della parola che vi ho annunziata. ⁴ Restate in me,
e io resterò in voi. Come il tralcio non può da sé produrre alcun frutto se non rimane nella vite, cosí nemmeno voi ne darete se non rimarrete in me. ⁵ Io sono
la vite e voi i tralci. Chi rimane in me, e io in lui,
produce molti frutti: senza di me non potete dare nemmeno un frutto. ⁶ Chi non resta in me, è gettato via
come il tralcio e inaridisce; e come questo viene rac-
colto e buttato nel fuoco a bruciare. ⁷ Se restate in me,
e le mie parole rimarranno in voi, potete chiedere
quello che volete e vi sarà dato. ⁸ Il Padre mio sarà
glorificato se porterete molti frutti: diventerete cosí
miei discepoli. ⁹ Come il Padre ha amato me, cosí io
ho amato voi: rimanete nel mio amore. ¹⁰ Se osserve-
rete i miei comandamenti, resterete nel mio amore;
io che ho osservato i comandamenti del Padre mio,
rimango nel suo amore. ¹¹ Vi ho detto queste cose perché la mia gioia sia in voi, e la vostra gioia sia piena.

¹² « Questo è il mio comandamento: amatevi l'un
l'altro, come io ho amato voi. ¹³ Nessuno ha un amore
piú grande dell'amore di chi dà la vita per i suoi amici. ¹⁴ Voi sarete miei amici, se farete quello che io di-
spongo per voi. ¹⁵ Io non vi chiamo piú servi, perché
il servo non sa quello che fa il suo padrone; ma vi ho
chiamato amici, perché vi ho fatto conoscere tutto ciò
che ho udito dal Padre mio. ¹⁶ Non siete stati voi a
scegliere me, ma io ho scelto voi; e vi ho destinati a
mettervi in cammino e a dare frutti, frutti che rimang-
gono: cosí qualunque cosa chiederete al Padre mio,
egli ve la concederà. ¹⁷ Questo stabilisco per voi: amatevi l'un l'altro. »

¹⁸ Εἰ ὁ κόσμος ὑμᾶς μισεῖ, γινώσκετε ὅτι ἐμὲ πρῶτον ὑμῶν μεμίσηκεν. ¹⁹ Εἰ ἐκ τοῦ κόσμου ἦτε, ὁ κόσμος ἂν τὸ ἴδιον ἐφίλει· ὅτι δὲ ἐκ τοῦ κόσμου οὐκ ἐστέ, ἀλλ' ἐγὼ ἐξελεξάμην ὑμᾶς ἐκ τοῦ κόσμου, διὰ τοῦτο μισεῖ ὑμᾶς ὁ κόσμος. ²⁰ Μνημονεύετε τοῦ λόγου οὗ ἐγὼ εἶπον ὑμῖν· οὐκ ἔστι δοῦλος μείζων τοῦ κυρίου αὐτοῦ. εἰ ἐμὲ ἐδίωξαν, καὶ ὑμᾶς διώξουσιν· εἰ τὸν λόγον μου ἐτήρησαν, καὶ τὸν ὑμέτερον τηρήσουσιν· ²¹ ἀλλὰ ταῦτα πάντα ποιήσουσιν εἰς ὑμᾶς διὰ τὸ ὄνομά μου, ὅτι οὐκ οἴδασι τὸν πέμψαντά με. ²² Εἰ μὴ ἦλθον καὶ ἐλάλησα αὐτοῖς, ἁμαρτίαν οὐκ εἴχοσαν· νῦν δὲ πρόφασιν οὐκ ἔχουσι περὶ τῆς ἁμαρτίας αὐτῶν. ²³ Ὁ ἐμὲ μισῶν καὶ τὸν πατέρα μου μισεῖ. ²⁴ Εἰ τὰ ἔργα μὴ ἐποίησα ἐν αὐτοῖς ἃ οὐδεὶς ἄλλος ἐποίησεν, ἁμαρτίαν οὐκ εἴχοσαν· νῦν δὲ καὶ ἑωράκασι καὶ μεμισήκασι καὶ ἐμὲ καὶ τὸν πατέρα μου. ²⁵ Ἀλλ' ἵνα πληρωθῇ ὁ λόγος ὁ ἐν τῷ νόμῳ αὐτῶν γεγραμμένος ὅτι ἐμίσησάν με δωρεάν. ²⁶ Ὅταν ἔλθῃ ὁ παράκλητος ὃν ἐγὼ πέμψω ὑμῖν παρὰ τοῦ πατρός, τὸ πνεῦμα τῆς ἀληθείας ὃ παρὰ τοῦ πατρὸς ἐκπορεύεται, ἐκεῖνος μαρτυρήσει περὶ ἐμοῦ· ²⁷ καὶ ὑμεῖς δὲ μαρτυρεῖτε, ὅτι ἀπ' ἀρχῆς μετ' ἐμοῦ ἐστε.

16. — ¹ Ταῦτα λελάληκα ὑμῖν ἵνα μὴ σκανδαλισθῆτε. ² Ἀποσυναγώγους ποιήσουσιν ὑμᾶς· ἀλλ' ἔρχεται ὥρα ἵνα πᾶς ὁ ἀποκτείνας ⟨ὑμᾶς⟩ δόξῃ λατρείαν προσφέρειν τῷ θεῷ· ³ καὶ ταῦτα ποιήσουσιν ὅτι οὐκ

MI HANNO ODIATO SENZA RAGIONE

[18] « Se il mondo vi odierà, pensate che prima di voi ha odiato me. [19] Se foste del mondo, il mondo, che ama ciò che è suo, vi amerebbe; ma non siete del mondo, e io vi ho scelto dal mondo, e perciò esso vi odierà. [20] Ricordatevi delle parole che vi dissi: — Il servo non è più del suo padrone —: se, quindi, hanno perseguitato me, perseguiteranno anche voi; se hanno osservato la mia parola, osserveranno anche la vostra. [21] Ma vi faranno tutto questo per causa mia, perché non conoscono colui che mi ha mandato. [22] Se io non fossi venuto e non avessi parlato loro, non avrebbero colpa; ma ora non possono scusare il loro peccato. [23] Chi odia me, odia anche il Padre mio. [24] Se non avessi compiuto, fra loro, opere che nessun altro ha mai fatto, non avrebbero colpa; ma le hanno viste, e hanno odiato lo stesso me e il Padre mio. [25] Ma questo è avvenuto perché si doveva avverare la parola scritta nella loro Legge: — *Mi hanno odiato senza ragione.* —

« [26] Ma quando sarà venuto il Paracleto, che io vi manderò dal Padre, cioè lo Spirito della verità che proviene dal Padre, egli mi renderà testimonianza; [27] allora anche voi, che siete stati con me fin dal principio, testimonierete per me. »

L'ORA DELLA TRISTEZZA

XVI — [1] « Vi ho detto queste cose perché così non proverete poi né turbamenti né meraviglia. [2] Vi cacceranno dalle sinagoghe, anzi si avvicina l'ora in cui, mentre vi uccideranno, si penserà di servire Dio. [3] E questo accadrà perché non hanno conosciuto né il Pa-

ἔγνωσαν τὸν πατέρα οὐδὲ ἐμέ· ⁴ἀλλὰ ταῦτα λελάληκα
ὑμῖν ἵνα ὅταν ἔλθῃ ἡ ὥρα αὐτῶν μνημονεύητε αὐτῶν,
ὅτι ἐγὼ εἶπον ὑμῖν. ταῦτα δὲ ὑμῖν ἐξ ἀρχῆς οὐκ εἶπον,
ὅτι μεθ᾽ ὑμῶν ἤμην· ⁵νῦν δὲ ὑπάγω πρὸς τὸν πέμψαντά με, καὶ οὐδεὶς ἐξ ὑμῶν ἐρωτᾷ με· ποῦ ὑπάγεις;
⁶ἀλλ᾽ ὅτι ταῦτα λελάληκα ὑμῖν, ἡ λύπη πεπλήρωκεν
ὑμῶν τὴν καρδίαν. ⁷ Ἀλλ᾽ ἐγὼ τὴν ἀλήθειαν λέγω
ὑμῖν. συμφέρει ὑμῖν ἵνα ἐγὼ ἀπέλθω, ἐὰν γὰρ μὴ ἀπέλθω,
ὁ παράκλητος οὐ μὴ ἔλθῃ πρὸς ὑμᾶς· ἐὰν δὲ πορευθῶ,
πέμψω αὐτὸν πρὸς ὑμᾶς· ⁸καὶ ἐλθὼν ἐκεῖνος ἐλέγξει
τὸν κόσμον περὶ ἁμαρτίας καὶ περὶ δικαιοσύνης καὶ
περὶ κρίσεως· ⁹περὶ ἁμαρτίας μέν, ὅτι οὐ πιστεύουσιν
εἰς ἐμέ· ¹⁰περὶ δικαιοσύνης δὲ, ὅτι πρὸς τὸν πατέρα
ὑπάγω καὶ οὐκέτι θεωρεῖτέ με· ¹¹περὶ δὲ κρίσεως,
ὅτι ὁ ἄρχων τοῦ κόσμου τούτου κέκριται. ¹²Ἔτι πολλὰ
ἔχω ὑμῖν λέγειν, ἀλλ᾽ οὐ δύνασθε βαστάζειν ἄρτι· ¹³
ὅταν δὲ ἔλθῃ ἐκεῖνος, τὸ πνεῦμα τῆς ἀληθείας, ὁδη-
γήσει ὑμᾶς εἰς τὴν ἀλήθειαν πᾶσαν· οὐ γὰρ λαλήσει
ἀφ᾽ ἑαυτοῦ, ἀλλ᾽ ὅσα ἀκούσει λαλήσει, καὶ τὰ ἐρχόμενα
ἀναγγελεῖ ὑμῖν. ¹⁴Ἐκεῖνος ἐμὲ δοξάσει, ὅτι ἐκ τοῦ
ἐμοῦ λήμψεται καὶ ἀναγγελεῖ ὑμῖν. ¹⁵Πάντα ὅσα ἔχει
ὁ πατὴρ ἐμά ἐστι· διὰ τοῦτο εἶπον ὅτι ἐκ τοῦ ἐμοῦ λαμβάνει καὶ ἀναγγελεῖ ὑμῖν. ¹⁶Μικρὸν καὶ οὐκέτι θεωρεῖτέ με, καὶ πάλιν μικρὸν καὶ ὄψεσθέ με.

¹⁷Εἶπαν οὖν ἐκ τῶν μαθητῶν αὐτοῦ πρὸς ἀλλήλους·
τί ἐστι τοῦτο ὃ λέγει ἡμῖν· μικρὸν καὶ οὐ θεωρεῖτέ με,
καὶ πάλιν μικρὸν καὶ ὄψεσθέ με; καὶ ὅτι ὑπάγω πρὸς
τὸν πατέρα; ¹⁸ἔλεγον οὖν· τί ἐστι τοῦτο ὃ λέγει μικρὸν
οὐκ οἴδαμεν.

¹⁹Ἔγνω Ἰησοῦς ὅτι ἤθελον αὐτὸν ἐρωτᾶν, καὶ εἶπεν αὐτοῖς· περὶ τούτου ζητεῖτε μετ᾽ ἀλλήλων ὅτι εἶ-
πον· μικρὸν καὶ οὐ θεωρεῖτέ με, καὶ πάλιν μικρὸν καὶ

dre, né me. [4] Ma vi ho detto queste cose per dopo: quando sarà giunto il loro tempo, vi rammenterete che ve ne avevo parlato. Non ve le ho dette fin dal principio, perché ero con voi. [5] Ora sto per andare da colui che mi ha mandato, e nessuno di voi mi domanda: — Dove vai? — [6] Invece perché vi ho detto queste cose, il vostro cuore è pieno di tristezza. [7] Ma io vi dico, ed è vero: per voi è bene che me ne vada, altrimenti il Paracleto non verrà da voi: ma se io vado via, ve lo manderò. [8] E quando sarà venuto, chiederà ragione al mondo circa la colpa, la giustizia e il giudizio: [9] circa la colpa, perché non hanno creduto in me, [10] circa la giustizia, perché vado dal Padre e non mi vedranno piú: [11] circa il giudizio, perché il dominatore di questo mondo è stato giudicato. [12] Avrei ancora molte cose da dirvi, ma per ora non potreste comprenderle; [13] quando lo Spirito della verità sarà venuto, vi guiderà sulla via di ogni verità. Infatti, non vi parlerà secondo il suo pensiero, ma vi dirà quanto ha appreso e vi annunzierà le cose che dovranno avvenire. [14] Egli mi glorificherà, perché vi annunzierà ciò che ha appreso da me. [15] Tutto quello che ha il Padre, è mio, perciò ho detto che vi annunzierà ciò che ha appreso da me. [16] Ancora poco tempo e non mi vedrete piú: e poi ancora poco tempo e mi rivedrete ».

[17] Alcuni dei suoi discepoli dissero fra loro: « Che cosa significano queste parole che dice a noi: — Ancora poco tempo e non mi rivedrete piú e poi ancora poco tempo e mi rivedrete —? e: — Perché io vado dal Padre —? » [18] E insistevano dicendo: « Che significa questo poco tempo di cui parla? Noi non comprendiamo ». [19] Gesú capí che lo volevano interrogare e disse loro: « Voi vi domandate l'un l'altro perché dissi: — Ancora poco tempo e non mi vedrete piú: e

ὄψεσθέ με· ²⁰ ἀμὴν ἀμὴν λέγω ὑμῖν ὅτι κλαύσετε
καὶ θρηνήσετε ὑμεῖς, ὁ δὲ κόσμος χαρήσεται· ὑμεῖς
λυπηθήσεσθε, ἀλλ᾽ ἡ λύπη ὑμῶν εἰς χαρὰν γενήσεται.
²¹ Ἡ γυνὴ ὅταν τίκτῃ λύπην ἔχει, ὅτι ἦλθεν ἡ ὥρα
αὐτῆς· ὅταν δὲ γεννήσῃ τὸ παιδίον, οὐκέτι μνημονεύει
τῆς θλίψεως διὰ τὴν χαρὰν ὅτι ἐγεννήθη ἄνθρωπος εἰς
τὸν κόσμον. ²² Καὶ ὑμεῖς οὖν νῦν μὲν λύπην ἔχετε·
πάλιν δὲ ὄψομαι ὑμᾶς, καὶ χαρήσεται ὑμῶν ἡ καρδία,
καὶ τὴν χαρὰν ὑμῶν οὐδεὶς ἀρεῖ ἀφ᾽ ὑμῶν ²³ Καὶ ἐν
ἐκείνῃ τῇ ἡμέρᾳ ἐμὲ οὐκ ἐρωτήσετε οὐδέν. ἀμὴν ἀμὴν
λέγω ὑμῖν, ἄν τι αἰτήσητε τὸν πατέρα δώσει ὑμῖν ἐν
τῷ ὀνόματί μου· ²⁴ ἕως ἄρτι οὐκ ᾐτήσατε οὐδὲν ἐν
τῷ ὀνόματί μου· αἰτεῖτε, καὶ λήμψεσθε, ἵνα ἡ χαρὰ ὑμῶν
ᾖ πεπληρωμένη.

²⁵ Ταῦτα ἐν παροιμίαις λελάληκα ὑμῖν· ἔρχεται ὥρα
ὅτε οὐκέτι ἐν παροιμίαις λαλήσω ὑμῖν, ἀλλὰ παρρησίᾳ
περὶ τοῦ πατρὸς ἀπαγγελῶ ὑμῖν. ²⁶ Ἐν ἐκείνῃ τῇ ἡμέρᾳ
ἐν τῷ ὀνόματί μου αἰτήσεσθε, καὶ οὐ λέγω ὑμῖν ὅτι
ἐγὼ ἐρωτήσω τὸν πατέρα περὶ ὑμῶν. ²⁷ Αὐτὸς γὰρ
ὁ πατὴρ φιλεῖ ὑμᾶς, ὅτι ὑμεῖς ἐμὲ πεφιλήκατε καὶ πε-
πιστεύκατε ὅτι ἐγὼ παρὰ τοῦ πατρὸς ἐξῆλθον. ²⁸ Ἐξῆλθον ἐκ τοῦ πατρὸς καὶ ἐλήλυθα εἰς τὸν κόσμον· πάλιν
ἀφίημι τὸν κόσμον καὶ πορεύομαι πρὸς τὸν πατέρα.
²⁹ Λέγουσιν οἱ μαθηταὶ αὐτοῦ· ἴδε νῦν ἐν παρρησίᾳ
λαλεῖς, καὶ παροιμίαν οὐδεμίαν λέγεις· ³⁰ νῦν οἴδαμεν
ὅτι οἶδας πάντα καὶ οὐ χρείαν ἔχεις ἵνα τίς σε ἐρωτᾷ·
ἐν τούτῳ πιστεύομεν ὅτι ἀπὸ θεοῦ ἐξῆλθες· ³¹ Ἀπεκρίθη αὐτοῖς Ἰησοῦς· ἄρτι πιστεύετε· ³² ἰδοὺ ἔρχεται
ὥρα καὶ ἐλήλυθεν ἵνα σκορπισθῆτε ἕκαστος εἰς τὰ ἴδια

poi ancora poco tempo e mi rivedrete —? [20] In verità, in verità vi dico: Voi piangerete e vi lamenterete, mentre il mondo gioirà; sarete tristi, ma la vostra tristezza diventerà gioia.

[21] « Quando la donna partorisce, prova dolore perché la sua ora è venuta; ma quando ha dato alla luce il bambino, non si ricorda piú del suo patimento, tale è la gioia perché è nato un uomo nel mondo. [22] Certamente anche voi ora provate dolore, ma io vi rivedrò, e nessuno potrà togliere la vostra gioia. [23] In quel giorno non mi domanderete piú nulla. In verità, in verità vi dico, che qualunque cosa chiederete al Padre nel mio nome, egli ve la darà. [24] Finora non avete domandato nulla in mio nome: Chiedete e vi sarà dato; cosí la vostra gioia sarà piena. »

VOI SARETE DISPERSI E MI LASCERETE SOLO

[25] « Vi ho detto queste cose in parabole; ma sta per venire l'ora in cui, invece che in parabole, vi parlerò apertamente di ciò che mi ha detto il Padre. [26] In quel giorno, potrete chiedere in mio nome; e vi dico che non sarò io a domandare al Padre per voi: [27] il Padre stesso vi ama, perché mi avete amato e avete creduto che provengo da lui. [28] Io provengo dal Padre e sono venuto nel mondo: ora lascio il mondo e ritorno dal Padre ».

[29] I suoi discepoli gli dissero: « Ecco che ti esprimi con un linguaggio chiaro e senza parabole. [30] Ora sappiamo che conosci tutto e che non hai bisogno che ti si venga a riferire alcuna cosa; perciò crediamo che provieni da Dio ». [31] Gesú rispose: « Soltanto ora, voi credete? [32] Ecco, sta per venire l'ora, anzi è venuta, in cui sarete dispersi, ognuno per proprio conto, e mi la-

κἀμὲ μόνον ἀφῆτε· καὶ οὐκ εἰμὶ μόνος, ὅτι ὁ πατὴρ μετ' ἐμοῦ ἐστι. ³³ Ταῦτα λελάληκα ὑμῖν ἵνα ἐν ἐμοὶ εἰρήνην ἔχητε, ἐν τῷ κόσμῳ θλίψιν ἔχετε· ἀλλὰ θαρσεῖτε. ἐγὼ νενίκηκα τὸν κόσμον.

17. — ¹ Ταῦτα ἐλάλησεν Ἰησοῦς, καὶ ἐπάρας τοὺς ὀφθαλμοὺς αὐτοῦ εἰς τὸν οὐρανὸν εἶπε· πάτερ, ἐλήλυθεν ἡ ὥρα· δόξασόν σου τὸν υἱόν, ἵνα ὁ υἱὸς δοξάσῃ σέ, ² καθὼς ἔδωκας αὐτῷ ἐξουσίαν πάσης σαρκός, ἵνα πᾶν ὃ δέδωκας αὐτῷ δώσει αὐτοῖς ζωὴν αἰώνιον. ³ Αὕτη δέ ἐστιν ἡ αἰώνιος ζωή, ἵνα γινώσκωσι σὲ τὸν μόνον ἀληθινὸν θεὸν καὶ ὃν ἀπέστειλας Ἰησοῦν Χριστόν. ⁴ Ἐγώ σε ἐδόξασα ἐπὶ τῆς γῆς, τὸ ἔργον τελειώσας ὃ δέδωκάς μοι ἵνα ποιήσω· ⁵ καὶ νῦν δόξασόν με σύ, πάτερ, παρὰ σεαυτῷ τῇ δόξῃ ᾗ εἶχον πρὸ τοῦ τὸν κόσμον εἶναι παρὰ σοί. ⁶ Ἐφανέρωσά σου τὸ ὄνομα τοῖς ἀνθρώποις οὓς ἔδωκάς μοι ἐκ τοῦ κόσμου. σοὶ ἦσαν κἀμοὶ αὐτοὺς ἔδωκας. καὶ τὸν λόγον σου τετήρηκαν. ⁷ Νῦν ἔγνωκαν ὅτι πάντα ὅσα ἔδωκές μοι παρὰ σοῦ εἰσιν· ⁸ ὅτι τὰ ῥήματα ἃ ἔδωκές μοι δέδωκα αὐτοῖς, καὶ αὐτοὶ ἔλαβον, καὶ ἔγνωσαν ἀληθῶς ὅτι παρὰ σοῦ ἐξῆλθον, καὶ ἐπίστευσαν ὅτι σύ με ἀπέστειλας. ⁹ Ἐγὼ περὶ αὐτῶν ἐρωτῶ· οὐ περὶ τοῦ κόσμου ἐρωτῶ, ἀλλὰ περὶ ὧν δέδωκάς μοι, ὅτι σοί εἰσι ¹⁰ καὶ τὰ ἐμὰ πάντα σά ἐστι καὶ τὰ σὰ ἐμά, καὶ δεδόξασμαι ἐν αὐτοῖς. ¹¹ Καὶ οὐκέτι εἰμὶ ἐν τῷ κόσμῳ, καὶ αὐτοὶ ἐν τῷ κόσμῳ εἰσί, κἀγὼ πρὸς σὲ ἔρχομαι. πατὴρ ἅγιε, τήρησον αὐτοὺς ἐν τῷ ὀνόματί σου ᾧ δέδωκάς μοι, ἵνα ὦσιν ἓν καθὼς ἡμεῖς. ¹² Ὅτε ἤμην μετ' αὐτῶν, ἐγὼ ἐτήρουν αὐτοὺς ἐν τῷ ὀνόματί σου ᾧ δέδωκάς μοι, καὶ ἐφύλαξα,

scerete solo. Ma io non sono solo, perché il Padre è con me. ³³ Vi ho detto queste cose perché abbiate la pace con me. Nel mondo avrete dolori; ma siate coraggiosi: Io ho vinto il mondo ».

IO MI RIVOLGO A TE, PADRE SANTO

XVII — ¹ Dopo aver parlato cosí, Gesú, levati gli occhi al cielo, disse: « Padre, l'ora è venuta: glorifica il Figlio tuo, affinché il Figlio glorifichi te, ² dato che gli hai concesso il potere sopra ogni carne, perché egli possa dare la vita eterna a tutti coloro che gli hai affidato. ³ E la vita eterna è questa: che conoscano te, solo vero Dio, e colui che hai mandato, Gesú Cristo. ⁴ Io ti ho glorificato sulla terra, compiendo l'opera che mi avevi affidato, ⁵ e ora tu, Padre, glorificami presso te stesso, con la gloria che ho avuto presso te, prima della creazione del mondo.

⁶ « Io ho rivelato il tuo nome agli uomini che mi hai affidato nel mondo: erano tuoi e tu me li hai dati, ed essi hanno osservato la tua parola. ⁷ Ora riconoscono che tutto quello che mi hai dato viene da te: ⁸ e le parole che mi hai dette, io le ho comunicate a loro; ed essi le hanno accolte riconoscendo che io sono venuto veramente da te; e hanno creduto che tu mi hai mandato. ⁹ Io prego per loro. Non prego per il mondo, ma per coloro che tu mi hai affidato, perché sono tuoi. ¹⁰ Ogni mia cosa è tua, e tutto ciò che è tuo è mio; ed io sono stato glorificato in loro. ¹¹ Io non sono piú nel mondo, ma loro sono nel mondo: e io mi rivolgo a te, Padre santo: proteggi nel tuo nome coloro che tu mi hai dato, affinché siano una sola cosa con noi. ¹² Quando ero con loro, io li difendevo nel tuo nome. Io ho protetto quelli che mi hai dato, e nessuno di

καὶ οὐδεὶς ἐξ αὐτῶν ἀπώλετο εἰ μὴ ὁ υἱὸς τῆς ἀπωλείας, ἵνα ἡ γραφὴ πληρωθῇ. ¹³ Νῦν δὲ πρὸς σὲ ἔρχομαι, καὶ ταῦτα λαλῶ ἐν τῷ κόσμῳ ἵνα ἔχωσι τὴν χαρὰν τὴν ἐμὴν πεπληρωμένην ἐν ἑαυτοῖς· ¹⁴ Ἐγὼ δέδωκα αὐτοῖς τὸν λόγον σου, καὶ ὁ κόσμος ἐμίσησεν αὐτούς, ὅτι οὐκ εἰσὶν ἐκ τοῦ κόσμου καθὼς ἐγὼ οὐκ εἰμὶ ἐκ τοῦ κόσμου. ¹⁵ Οὐκ ἐρωτῶ ἵνα ἄρῃς αὐτοὺς ἐκ τοῦ κόσμου, ἀλλ' ἵνα τηρήσῃς αὐτοὺς ἐκ τοῦ πονηροῦ. ¹⁶ Ἐκ τοῦ κόσμου οὐκ εἰσὶ καθὼς ἐγὼ οὐκ εἰμὶ ἐκ τοῦ κόσμου. ¹⁷ Ἁγίασον αὐτοὺς ἐν ἀληθείᾳ· ὁ λόγος ὁ σὸς ἡ ἀλήθειά ἐστι ¹⁸ Καθὼς ἐμὲ ἀπέστειλας εἰς τὸν κόσμον, κἀγὼ ἀπέστειλα αὐτοὺς εἰς τὸν κόσμον. ¹⁹ καὶ ὑπὲρ αὐτῶν ἐγὼ ἁγιάζω ἐμαυτόν, ἵνα ὦσι καὶ αὐτοὶ ἡγιασμένοι ἐν ἀληθείᾳ.

²⁰ Οὐ περὶ τούτων δὲ ἐρωτῶ μόνον, ἀλλὰ καὶ περὶ τῶν πιστευόντων διὰ τοῦ λόγου αὐτῶν εἰς ἐμέ, ²¹ ἵνα πάντες ἓν ὦσι, καθὼς σύ, πατήρ, ἐν ἐμοὶ κἀγὼ ἐν σοί, ἵνα καὶ αὐτοὶ ἐν ἡμῖν ὦσιν, ἵνα ὁ κόσμος πιστεύῃ ὅτι σύ με ἀπέστειλας, ²² κἀγὼ τὴν δόξαν ἣν δέδωκάς μοι δέδωκα αὐτοῖς, ἵνα ὦσιν ἓν καθὼς ἡμεῖς ἕν· ²³ ἐγὼ ἐν αὐτοῖς καὶ σὺ ἐν ἐμοί, ἵνα ὦσι τετελειωμένοι εἰς ἕν, ἵνα γινώσκῃ ὁ κόσμος ὅτι σύ με ἀπέστειλας καὶ ἠγάπησας αὐτοὺς καθὼς ἐμὲ ἠγάπησας.

²⁴ Πατήρ, ὃ δέδωκάς μοι, θέλω ἵνα ὅπου εἰμὶ ἐγὼ κἀκεῖνοι ὦσι μετ' ἐμοῦ, ἵνα θεωρῶσι τὴν δόξαν τὴν ἐμήν, ἣν ⟨δ⟩έδωκάς μοι ὅτι ἠγάπησάς με πρὸ καταβολῆς κόσμου. ²⁵ Πατὴρ δίκαιε, καὶ ὁ κόσμος σε οὐκ ἔγνω, ἐγὼ δέ σε ἔγνων, καὶ οὗτοι ἔγνωσαν ὅτι σύ με ἀπέστειλας· ²⁶ καὶ ἐγνώρισα αὐτοῖς τὸ ὄνομά σου καὶ γνωρίσω. ἵνα ἡ ἀγάπη ἣν ἠγάπησάς με ἐν αὐτοῖς ᾖ κἀγὼ ἐν αὐτοῖς.

loro si è perduto, meno il figlio della perdizione; e questo perché si doveva avverare la Scrittura. [13] Ma ora io mi rivolgo a te, e dico queste parole mentre ancora sono nel mondo, perché essi abbiano in loro tutta la mia gioia. [14] Io ho comunicato ad essi la tua parola, e il mondo li ha odiati, perché non sono del mondo, cosí come io non son del mondo. [15] Io non ti prego di allontanarli dal mondo, ma di difenderli dal male. [16] Essi non sono del mondo, come io pure non sono del mondo. [17] Consacrali per la verità: la tua parola è verità. [18] Come tu hai mandato me nel mondo, cosí io ho mandato loro nel mondo. [19] E per loro io santifico me stesso, perché anche loro siano santificati per la verità.

[20] « Ma io non prego soltanto per questi, ma pure per quelli che con la loro parola dimostreranno di credere in me: [21] che siano tutti una sola cosa; e come tu, Padre, sei in me, e io sono in te, cosí anch'essi siano in noi, affinché il mondo creda che tu mi hai mandato. [22] E io ho dato a loro la gloria che ho ricevuto da te, perché siano una sola cosa, come noi siamo una sola cosa. [23] Cosí, essendo io in loro e tu in me, la loro unità sarà perfetta e il mondo riconoscerà che tu mi hai mandato e che li hai amati come hai amato me. [24] Padre, desidero che dove sarò io, siano con me anche quelli che tu mi hai affidato; cosí vedranno la gloria che tu mi hai dato; perché tu mi hai amato prima della creazione del mondo. [25] Padre giusto, il mondo non ti ha conosciuto; ma io ti ho conosciuto, ed essi hanno riconosciuto che tu mi hai mandato. [26] Io ho fatto conoscere a loro il tuo nome, e lo farò conoscere ancora, affinché l'amore con il quale mi hai amato sia in essi, ed io in loro. »

18. — ¹ Ταῦτα εἰπὼν Ἰησοῦς ἐξῆλθε σὺν τοῖς μαθηταῖς αὐτοῦ πέραν τοῦ χειμάρρου τῶν Κέδρων, ὅπου ἦν κῆπος, εἰς ὃν εἰσῆλθεν αὐτὸς καὶ οἱ μαθηταὶ αὐτοῦ. ² Ἤιδει δὲ καὶ Ἰούδας ὁ παραδιδοὺς αὐτὸν τὸν τόπον, ὅτι πολλάκις συνήχθη Ἰησοῦς μετὰ τῶν μαθητῶν αὐτοῦ ἐκεῖ. ³ Ὁ οὖν Ἰούδας λαβὼν τὴν σπεῖραν καὶ ἐκ τῶν ἀρχιερέων καὶ τῶν Φαρισαίων ὑπηρέτας ἔρχεται ἐκεῖ μετὰ φανῶν καὶ λαμπάδων καὶ ὅπλων. ⁴ Ἰησοῦς οὖν εἰδὼς πάντα τὰ ἐρχόμενα ἐπ' αὐτὸν ἐξῆλθε καὶ λέγει αὐτοῖς· τίνα ζητεῖτε; ⁵ ἀπεκρίθησαν αὐτῷ· Ἰησοῦν τὸν Ναζωραῖον. λέγει αὐτοῖς· ἐγώ εἰμι [Ἰησοῦς]. εἱστήκει δὲ καὶ Ἰούδας ὁ παραδιδοὺς αὐτὸν μετ' αὐτῶν. ⁶ Ὡς οὖν εἶπεν αὐτοῖς· ἐγώ εἰμι, ἀπῆλθαν εἰς τὰ ὀπίσω καὶ ἔπεσαν χαμαί. ⁷ Πάλιν οὖν ἐπηρώτησεν αὐτούς· τίνα ζητεῖτε; οἱ δὲ εἶπον· Ἰησοῦν τὸν Ναζωραῖον. ⁸ Ἀπεκρίθη Ἰησοῦς· εἶπον ὑμῖν ὅτι ἐγώ εἰμι· εἰ οὖν ἐμὲ ζητεῖτε, ἄφετε τούτους ὑπάγειν· ⁹ ἵνα πληρωθῇ ὁ λόγος ὃν εἶπεν, ὅτι οὓς δέδωκάς μοι, οὐκ ἀπώλεσα ἐξ αὐτῶν οὐδένα. ¹⁰ Σίμων οὖν Πέτρος ἔχων μάχαιραν εἵλκυσεν αὐτὴν καὶ ἔπαισε τὸν τοῦ ἀρχιερέως δοῦλον καὶ ἀπέκοψεν αὐτοῦ τὸ ὠτάριον τὸ δεξιόν· ἦν δὲ ὄνομα τῷ δούλῳ Μάλχος. ¹¹ Εἶπεν οὖν ὁ Ἰησοῦς τῷ Πέτρῳ· βάλε τὴν μάχαιραν εἰς τὴν θήκην· τὸ ποτήριον ὃ δέδωκέ μοι ὁ πατήρ, οὐ μὴ πίω αὐτό;

¹² ἡ οὖν σπεῖρα καὶ ὁ χιλίαρχος καὶ οἱ ὑπηρέται τῶν Ἰουδαίων συνέλαβον τὸν Ἰησοῦν καὶ ἔδησαν αὐτὸν, ¹³ καὶ ἤγαγον πρὸς Ἄνναν πρῶτον· ἦν γὰρ πενθερὸς

NELL'ORTO DI GETSEMANI

XVIII — ¹ Dopo questa preghiera, Gesú uscí dalla città e andò con i suoi discepoli in un orto che si trovava al di là del torrente Cedron. ² Ma Giuda, che lo tradiva, conosceva pure quel luogo, perché Gesú vi era andato spesso con i suoi discepoli. ³ Giuda, dunque, prese un manipolo di soldati e alcuni uomini al servizio dei capi dei sacerdoti e dei Farisei, e andò nell'orto con torce, con lanterne, ed armi. ⁴ Gesú, che sapeva quello che stava per accadere, andò incontro a loro e domandò: « Chi cercate? » ⁵ Gli risposero: « Gesú il Nazareno ». E Gesú: « Sono io ». Giuda, che lo tradiva, era con loro. ⁶ Ma appena Gesú disse: — Sono io —, essi indietreggiarono e caddero a terra. ⁷ Allora Gesú domandò di nuovo: « Chi cercate? ». Ed essi replicarono: « Gesú il Nazareno ». ⁸ E Gesú rispose: « Vi ho detto che sono io: se, dunque, cercate me, lasciate che gli altri se ne vadano ». ⁹ Si avverava cosí la sua predizione: — Non ho perduto nessuno di quelli che mi hai dato. — ¹⁰ Allora Simon Pietro che aveva una spada, la tolse dal fodero e con un colpo staccò l'orecchio destro a un servo del sommo sacerdote. Era il servo di nome Malco. ¹¹ Ma Gesú disse a Pietro: « Riponi la spada. Non dovrei io bere il calice che mi ha dato il Padre? ».

L'ARRESTO DI GESÚ

¹² Intanto il manipolo di soldati, il tribuno e le guardie al servizio dei Giudei, presero Gesú, lo legarono, ¹³ e lo condussero in un primo tempo da Anna

τοῦ Καϊάφα, ὃς ἦν ἀρχιερεὺς τοῦ ἐνιαυτοῦ ἐκείνου· ¹⁴ ἦν δὲ Καϊάφας ὁ συμβουλεύσας τοῖς Ἰουδαίοις ὅτι συμφέρει ἕνα ἄνθρωπον ἀποθανεῖν ὑπὲρ τοῦ λαοῦ.

¹⁵ Ἠκολούθει δὲ τῷ Ἰησοῦ Σίμων Πέτρος καὶ ἄλλος μαθητής. ὁ δὲ μαθητὴς ἐκεῖνος γνωστὸς ἦν τῷ ἀρχιερεῖ, καὶ συνεισῆλθε τῷ Ἰησοῦ εἰς τὴν αὐλὴν τοῦ ἀρχιερέως. ¹⁶ Ὁ δὲ Πέτρος εἱστήκει πρὸς τῇ θύρᾳ ἔξω. ἐξῆλθεν οὖν ὁ μαθητὴς ὁ ἄλλος ὁ γνωστὸς τοῦ ἀρχιερέως καὶ εἶπε τῇ θυρωρῷ, καὶ εἰσήγαγε τὸν Πέτρον. ¹⁷ Λέγει οὖν τῷ Πέτρῳ ἡ παιδίσκη ἡ θυρωρός· μὴ καὶ σὺ ἐκ τῶν μαθητῶν εἶ τοῦ ἀνθρώπου τούτου; λέγει ἐκεῖνος· οὐκ εἰμί. ¹⁸ Εἱστήκεισαν δὲ οἱ δοῦλοι καὶ οἱ ὑπηρέται ἀνθρακιὰν πεποιηκότες, ὅτι ψῦχος ἦν, καὶ ἐθερμαίνοντο· ἦν δὲ καὶ ὁ Πέτρος μετ' αὐτῶν ἑστὼς καὶ θερμαινόμενος.

¹⁹ Ὁ οὖν ἀρχιερεὺς ἠρώτησε τὸν Ἰησοῦν περὶ τῶν μαθητῶν αὐτοῦ καὶ περὶ τῆς διδαχῆς αὐτοῦ. ²⁰ Ἀπεκρίθη αὐτῷ Ἰησοῦς· ἐγὼ παρρησίᾳ λελάληκα τῷ κόσμῳ· ἐγὼ πάντοτε ἐδίδαξα ἐν συναγωγῇ καὶ ἐν τῷ ἱερῷ, ὅπου πάντες οἱ Ἰουδαῖοι συνέρχονται, καὶ ἐν κρυπτῷ ἐλάλησα οὐδέν. ²¹ τί με ἐρωτᾷς; ἐρώτησον τοὺς ἀκηκοότας τί ἐλάλησα αὐτοῖς· ἴδε οὗτοι οἴδασιν ἃ εἶπον ἐγώ. ²² Ταῦτα δὲ αὐτοῦ εἰπόντος εἷς παρεστηκὼς τῶν ὑπηρετῶν ἔδωκε ῥάπισμα τῷ Ἰησοῦ εἰπών· οὕτως ἀποκρίνῃ τῷ ἀρχιερεῖ; ²³ ἀπεκρίθη αὐτῷ Ἰησοῦς· εἰ κα-

che era il suocero di Caifa, sommo sacerdote di quell'anno.

¹⁴ Caifa era colui che aveva cosí consigliato i Giudei: — È bene che un uomo muoia per il popolo.

LA PRIMA NEGAZIONE DI PIETRO

¹⁵ Simon Pietro ed un altro discepolo seguirono Gesú. Ma quel discepolo, che era conosciuto dal sommo sacerdote, poté entrare nel cortile della casa di Anna, ¹⁶ invece Pietro restò fuori, davanti alla porta. Perciò quell'altro discepolo, uscí di nuovo e dopo aver parlato con la guardiana della porta, fece entrare anche Pietro. ¹⁷ Allora la giovane che guardava la porta, domandò a Pietro: « Non sei anche tu tra i discepoli di quell'uomo? ». Egli rispose: « Non lo sono ». ¹⁸ Faceva freddo, e i servi e le guardie avevano, intanto, acceso un fuoco e stavano là intorno a scaldarsi. Anche Pietro era con loro, e si scaldava.

IL SOMMO SACERDOTE ANNA INTERROGA GESÚ

¹⁹ Il sommo sacerdote interrogò, dunque, Gesú intorno ai suoi discepoli e al suo insegnamento. ²⁰ E Gesú rispose: « Io ho parlato apertamente al mondo; ho sempre insegnato nella sinagoga e nel Tempio dove si raccolgono tutti i Giudei, e non ho detto nulla in segreto. ²¹ Perché interroghi me? Interroga quelli che mi hanno udito parlare: loro sanno che cosa ho detto ». ²² Ma appena finí di pronunciare queste parole, una delle guardie che stava vicino a Gesú gli diede uno schiaffo, dicendo: « Rispondi cosí al sommo sacerdote? » ²³ Gesú gli disse: « Se ho parlato male,

κῶς ἐλάλησα, μαρτύρησον περὶ τοῦ κακοῦ· εἰ δὲ καλῶς,
τί με δέρεις; ²⁴ ἀπέστειλεν οὖν αὐτὸν ὁ Ἄννας δεδε-
μένον πρὸς Καϊάφαν τὸν ἀρχιερέα.

²⁵ ⁷ Ἦν δὲ Σίμων Πέτρος ἑστὼς καὶ θερμαινόμενος.
εἶπον οὖν αὐτῷ· μὴ καὶ σὺ ἐκ τῶν μαθητῶν αὐτοῦ εἶ;
ἠρνήσατο ἐκεῖνος καὶ εἶπεν· οὐκ εἰμί. ²⁶ Λέγει εἷς ἐκ
τῶν δούλων τοῦ ἀρχιερέως συγγενὴς ὢν οὗ ἀπέκοψε Πέτρος τὸ ὠτίον· οὐκ ἐγώ σε εἶδον ἐν τῷ κήπῳ μετ' αὐτοῦ; ²⁷ πάλιν οὖν ἠρνήσατο Πέτρος, καὶ εὐθέως ἀλέκτωρ ἐφώνησεν.

²⁸ Ἄγουσιν οὖν τὸν Ἰησοῦν ἀπὸ τοῦ Καϊάφα εἰς τὸ
πραιτώριον· ἦν δὲ πρωΐ· καὶ αὐτοὶ οὐκ εἰσῆλθον εἰς τὸ
πραιτώριον, ἵνα μὴ μιανθῶσιν ἀλλὰ φάγωσι τὸ πάσχα.
²⁹ Ἐξῆλθεν οὖν ὁ Πειλᾶτος ἔξω πρὸς αὐτοὺς καὶ φησί·
τίνα κατηγορίαν φέρετε τοῦ ἀνθρώπου τούτου; ³⁰ ἀπεκρίθησαν καὶ εἶπαν αὐτῷ· εἰ μὴ ἦν οὗτος κακὸν ποιῶν,
οὐκ ἄν σοι παρεδώκαμεν αὐτόν. ³¹ Εἶπεν οὖν αὐτοῖς
Πειλᾶτος· λάβετε αὐτὸν ὑμεῖς, καὶ κατὰ τὸν νόμον ὑμῶν
κρίνατε αὐτόν. εἶπον αὐτῷ οἱ Ἰουδαῖοι· ἡμῖν οὐκ ἔξε-
στιν ἀποκτεῖναι οὐδένα· ³² ἵνα ὁ λόγος τοῦ Ἰησοῦ
πληρωθῇ ὃν εἶπε σημαίνων ποίῳ θανάτῳ ἤμελλεν ἀποθνήσκειν. ³³ Εἰσῆλθεν οὖν πάλιν εἰς τὸ πραιτώριον ὁ
Πειλᾶτος καὶ ἐφώνησε τὸν Ἰησοῦν καὶ εἶπεν αὐτῷ· σὺ
εἶ ὁ βασιλεὺς τῶν Ἰουδαίων; ἀπεκρίθη Ἰησοῦς· ³⁴
ἀπὸ σεαυτοῦ σὺ τοῦτο λέγεις, ἢ ἄλλοι εἶπόν σοι περὶ
ἐμοῦ; ³⁵ ἀπεκρίθη ὁ Πειλᾶτος· μήτι ἐγὼ Ἰουδαῖός εἰμι;
τὸ ἔθνος τὸ σὸν καὶ οἱ ἀρχιερεῖς παρέδωκάν σε ἐμοί·
τί ἐποίησας; ἀπεκρίθη Ἰησοῦς· ³⁶ ἡ βασιλεία ἡ ἐμὴ

dimostralo: ma se ho parlato bene, perché mi percuoti? » ²⁴ Allora Anna, lo mandò, ancora legato, a Caifa, il sommo sacerdote.

PIETRO E IL CANTO DEL GALLO

²⁵ Simon Pietro stava ancora a scaldarsi, quando ad un tratto gli domandarono: « Non sei anche tu fra i suoi discepoli? » Egli negò dicendo: « Non lo sono ». ²⁶ Ma uno dei servi del sommo sacerdote, parente di quel Malco a cui Pietro aveva tagliato l'orecchio, disse: « Non ti ho visto nell'orto con lui? » ²⁷ Pietro negò nuovamente, e subito un gallo cantò.

GESÚ DAVANTI A PILATO

²⁸ Dalla casa di Caifa, poi, condussero Gesú al Pretorio. Era già mattina, e i Giudei non entrarono nel Pretorio, per non contaminarsi e poter cosí mangiare la Pasqua. ²⁹ Allora Pilato uscí dal Pretorio, e avvicinatosi a loro, domandò: « Quale accusa sostenete contro quest'uomo? » ³⁰ Essi risposero: « Se costui non avesse fatto del male, non te lo avremmo consegnato ». ³¹ E Pilato replicò: « Prendetelo voi, e giudicatelo secondo la vostra legge ». I Giudei risposero: « A noi non è concesso di dare la morte ad alcuno ». ³² Si avverava cosí la parola con la quale Gesú aveva predetto di quale morte doveva fra poco morire. ³³ Allora Pilato, rientrato nel Pretorio, chiamò Gesú e gli disse: « Sei tu il Re dei Giudei? » ³⁴ Gesú rispose: « Mi chiedi ciò da parte tua, o perché altri te l'ha detto di me? » ³⁵ E Pilato: « Sono forse giudeo? La tua gente e i capi dei sacerdoti ti hanno consegnato a a me. Che cosa hai fatto? » ³⁶ Gesú rispose: « Il mio

οὐκ ἔστιν ἐκ τοῦ κόσμου τούτου· εἰ ἐκ τοῦ κόσμου τούτου ἦν ἡ βασιλεία ἡ ἐμή, οἱ ὑπηρέται οἱ ἐμοὶ ἠγωνίζοντο
ἄν, ἵνα μὴ παραδοθῶ τοῖς Ἰουδαίοις· νῦν δέ ἡ βασιλεία
ἡ ἐμὴ οὐκ ἔστιν ἐντεῦθεν. ³⁷ Εἶπεν οὖν αὐτῷ ὁ Πει-
λᾶτος· οὐκοῦν βασιλεὺς εἶ σύ; ἀπεκρίθη ὁ Ἰησοῦς· σὺ
λέγεις ὅτι βασιλεύς εἰμι. ἐγὼ εἰς τοῦτο γεγέννημαι καὶ
εἰς τοῦτο ἐλήλυθα εἰς τὸν κόσμον, ἵνα μαρτυρήσω τῇ
ἀληθείᾳ· πᾶς ὁ ὢν ἐκ τῆς ἀληθείας ἀκούει μου τῆς φωνῆς. ³⁸ Λέγει αὐτῷ ὁ Πειλᾶτος· τί ἐστιν ἀλήθεια; καὶ
τοῦτο εἰπὼν πάλιν ἐξῆλθε πρὸς τοὺς Ἰουδαίους, καὶ
λέγει αὐτοῖς· ἐγὼ οὐδεμίαν εὑρίσκω ἐν αὐτῷ αἰτίαν·
³⁹ ἔστι δὲ συνήθεια ὑμῖν ἵνα ἕνα ἀπολύσω ὑμῖν ⟨ἐν⟩
τῷ πάσχα· βούλεσθε οὖν ἀπολύσω ὑμῖν τὸν βασιλέα
τῶν Ἰουδαίων; ⁴⁰ ἐκραύγασαν οὖν πάλιν λέγοντες· μὴ
τοῦτον, ἀλλὰ τὸν Βαραββᾶν, ἦν δὲ ὁ Βαραββᾶς λῃστής.

19. — ¹ Τότε οὖν ἔλαβεν ὁ Πειλᾶτος τὸν Ἰησοῦν
καὶ ἐμαστίγωσε. ² Καὶ οἱ στρατιῶται πλέξαντες στέφανον ἐξ ἀκανθῶν ἐπέθηκαν αὐτοῦ τῇ κεφαλῇ, καὶ ἱμάτιον πορφυροῦν περιέβαλον αὐτόν, ³ καὶ ἤρχοντο πρὸς
αὐτὸν καὶ ἔλεγον· χαῖρε ὁ βασιλεὺς τῶν Ἰουδαίων· καὶ
ἐδίδοσαν αὐτῷ ῥαπίσματα. ⁴ Καὶ ἐξῆλθε πάλιν ἔξω
ὁ Πειλᾶτος καὶ λέγει αὐτοῖς· ἴδε ἄγω ὑμῖν αὐτὸν ἔξω,
ἵνα γνῶτε ὅτι οὐδεμίαν αἰτίαν εὑρίσκω ἐν αὐτῷ. ⁵ Ἐξῆλθεν οὖν Ἰησοῦς ἔξω, φορῶν τὸν ἀκάνθινον στέφανον
καὶ τὸ πορφυροῦν ἱμάτιον. καὶ λέγει αὐτοῖς· ἰδοὺ ἄνθρωπος. ⁶ Ὅτε οὖν εἶδον αὐτὸν οἱ ἀρχιερεῖς καὶ οἱ
ὑπηρέται, ἐκραύγασαν λέγοντες· σταύρωσον σταύρωσον.
λέγει αὐτοῖς ὁ Πειλᾶτος· λάβετε αὐτὸν ὑμεῖς καὶ σταυ-
ρώσατε· ἐγὼ γὰρ οὐχ εὑρίσκω ἐν αὐτῷ αἰτίαν. ⁷ Ἀπεκρίθησαν αὐτῷ οἱ Ἰουδαῖοι· ἡμεῖς νόμον ἔχομεν, καὶ

regno non è di questo mondo; se il mio regno fosse di questo mondo, i miei seguaci avrebbero lottato per non farmi cadere in potere dei Giudei; certo il mio regno non è di questa terra». [37] Allora Pilato gli disse: «Dunque, tu sei re?» Gesú rispose: «Tu, dici che io sono re. Io per questo sono nato, e per questo sono venuto nel mondo: per rendere testimonianza alla verità. Chi è dalla parte della verità, ascolta la mia voce». [38] E Pilato gli domandò: «Che cosa è verità?» E detto ciò, uscí di nuovo e disse ai Giudei: «Io non trovo in lui alcuna colpa. [39] E siccome una vostra consuetudine vuole che io per la Pasqua vi liberi un prigioniero qualunque: siete, allora, d'accordo che vi rilasci il Re dei Giudei?» [40] Ma essi ricominciarono a gridare: «Non costui, ma Barabba». E Barabba era un ladrone.

ECCO L'UOMO

XIX — [1] Allora, Pilato prese Gesú e lo fece flagellare. [2] E i soldati, intrecciata una corona di spine, gliela misero sul capo, e gli gettarono sulle spalle un manto di colore purpureo. [3] E poi si avvicinavano a Gesú dicendo: «Salute, o re dei Giudei!». E lo percuotevano. [4] Pilato uscí nuovamente dal Pretorio e disse loro: «Ecco, io ve lo riporto fuori, affinché sappiate che non trovo in lui alcuna colpa». [5] E Gesú apparve con la corona di spine e il manto del colore della porpora. E disse loro: «Ecco l'uomo». [6] Appena i capi dei sacerdoti e le guardie lo videro, cominciarono a urlare: «Crocifiggilo, crocifiggilo!» E Pilato rispose: «Prendetelo voi e crocifiggetelo: io non trovo in lui alcuna colpa». [7] I Giudei replicarono: «Noi abbiamo una legge, e secondo questa legge egli deve

κατὰ τὸν νόμον ὀφείλει ἀποθανεῖν, ὅτι υἱὸν θεοῦ ἑαυτὸν ἐποίησεν. ⁸ Ὅτε οὖν ἤκουσεν ὁ Πειλᾶτος τοῦτον τὸν λόγον, μᾶλλον ἐφοβήθη. ⁹ καὶ εἰσῆλθεν εἰς τὸ πραιτώριον πάλιν καὶ λέγει τῷ Ἰησοῦ· πόθεν εἶ σύ; ὁ δὲ Ἰησοῦς ἀπόκρισιν οὐκ ἔδωκεν αὐτῷ. ¹⁰ Λέγει οὖν αὐτῷ ὁ Πειλᾶτος· ἐμοὶ οὐ λαλεῖς; οὐκ οἶδας ὅτι ἐξουσίαν ἔχω ἀπολῦσαί σε καὶ ἐξουσίαν ἔχω σταυρῶσαί σε; ¹¹ ἀπεκρίθη αὐτῷ Ἰησοῦς· οὐκ εἶχες ἐξουσίαν κατ' ἐμοῦ οὐδεμίαν εἰ μὴ ἦν δεδομένον σοί ἄνωθεν· διὰ τοῦτο ὁ παραδούς μέ σοι μείζονα ἁμαρτίαν ἔχει. ¹² Ἐκ τούτου ὁ Πειλᾶτος ἐζήτει ἀπολῦσαι αὐτόν· οἱ δὲ Ἰουδαῖοι ἐκραύγασαν λέγοντες· ⟨ἐ⟩ὰν τοῦτον ἀπολύσῃς, οὐκ εἶ φίλος τοῦ Καίσαρος· πᾶς ὁ βασιλέα ἑαυτὸν ποιῶν ἀντιλέγει τῷ Καίσαρι. ¹³ Ὁ οὖν Πειλᾶτος ἀκούσας τῶν λόγων τούτων ἤγαγεν ἔξω τὸν Ἰησοῦν, καὶ ἐκάθισεν ἐπὶ βήματος εἰς τόπον λεγόμενον Λιθόστρωτον, Ἑβραϊστὶ δὲ Γαββαθᾶ. ¹⁴ Ἦν δὲ παρασκευὴ τοῦ πάσχα, ὥρα ἦν ὡς ἕκτη· καὶ λέγει τοῖς Ἰουδαίοις· ἴδε ὁ βασιλεὺς ὑμῶν. ¹⁵ Ἐκραύγασαν οὖν ἐκεῖνοι· ἆρον ἆρον, σταύρωσον αὐτόν. λέγει αὐτοῖς ὁ Πειλᾶτος· τὸν βασιλέα ὑμῶν σταυρώσω; ἀπεκρίθησαν οἱ ἀρχιερεῖς· οὐκ ἔχομεν βασιλέα εἰ μὴ Καίσαρα. ¹⁶ Τότε οὖν παρέδωκεν αὐτὸν αὐτοῖς ἵνα σταυρωθῇ. παρέλαβον οὖν τὸν Ἰησοῦν.

¹⁷ καὶ βαστάζων ἑαυτῷ τὸν σταυρὸν ἐξῆλθε εἰς τὸν λεγόμενον Κρανίου τόπον, ὃ λέγεται Ἑβραϊστὶ Γολγοθ⟨ᾶ⟩, ¹⁸ ὅπου αὐτὸν ἐσταύρωσαν, καὶ μετ' αὐτοῦ ἄλλους δύο ἐντεῦθεν καὶ ἐντεῦθεν, μέσον δὲ τὸν Ἰησοῦν. ¹⁹ Ἔγραψε δὲ καὶ τίτλον ὁ Πειλᾶτος καὶ ἔθηκεν ἐπὶ τοῦ σταυροῦ· ἦν δὲ γεγραμμένον· ΙΗΣΟΥΣ Ο ΝΑΖΩΡΑΙΟΣ Ο ΒΑΣΙΛΕΥΣ ΤΩΝ ΙΟΥΔΑΙΩΝ. ²⁰ Τοῦτον οὖν τὸν τίτλον πολλοὶ ἀνέγνωσαν τῶν Ἰου-

morire, perché ha dichiarato di essere figlio di Dio». [8] Appena Pilato udí queste parole, si intimorí ancora di piú, [9] e rientrò nel Pretorio. Poi domandò a Gesú: «Di dove sei?». Ma Gesú non gli rispose. [10] Allora Pilato gli disse: «Non mi rispondi? Non sai che ho il potere di liberarti e di crocifiggerti?» [11] Gesú gli rispose: «Tu non avresti alcun potere su di me, se non ti fosse dato dall'alto; perciò chi mi ha consegnato a te ha la colpa maggiore». [12] Da questo momento, Pilato cercava di liberarlo. Ma i Giudei ripresero a urlare: «Se liberi costui, non sei amico di Cesare. Chi si fa re, si oppone a Cesare». [13] Pilato, udite queste parole, fece condurre Gesú fuori del Pretorio, e convocò il tribunale nella località detta Litostroto, e in ebraico Gabbata.

[14] Quel giorno ricorreva la Parasceve della Pasqua; ed era circa l'ora sesta, quando Pilato disse ai Giudei: «Ecco il vostro re». [15] Allora essi si misero a gridare: «Su, su via, crocifiggilo!». E Pilato disse: «Devo crocifiggere il vostro re?» I capi dei sacerdoti risposero: «Noi abbiamo solo Cesare per re». [16] Pilato allora consegnò Gesú nelle loro mani, perché fosse crocifisso. E cosí Gesú fu trascinato via.

LA CROCIFISSIONE

[17] E portando egli stesso la sua croce, s'incamminò verso il luogo del Teschio, detto in ebraico Golgota. [18] E là lo crocifissero insieme ad altri due: uno da una parte, uno dall'altra, e Gesú nel mezzo. [19] Pilato fece anche incidere un'iscrizione e la fece mettere sulla croce. In essa si leggeva: *Gesú il Nazareno, Re dei Giudei.*

[20] Quell'iscrizione fu letta da molti Giudei, perché

δαίων, ὅτι ἐγγὺς ἦν ὁ τόπος τῆς πόλεως ὅπου ἐσταυρώθη ὁ Ἰησοῦς· καὶ ἦν γεγραμμένον Ἑβραϊστί, ῥω-
μαϊστί, ἑλληνιστί. ²¹ Ἔλεγον οὖν τῷ Πειλάτῳ οἱ ἀρχιερεῖς τῶν Ἰουδαίων· μὴ γράφε· ὁ βασιλεὺς τῶν Ἰουδαίων, ἀλλ' ὅτι ἐκεῖνος εἶπε· βασιλεὺς τῶν Ἰουδαίων
εἰμί. ²² Ἀπεκρίθη ὁ Πειλᾶτος· ὃ γέγραφα, γέγραφα.
²³ Οἱ οὖν στρατιῶται, ὅτε ἐσταύρωσαν τὸν Ἰησοῦν,
ἔλαβον τὰ ἱμάτια αὐτοῦ καὶ ἐποίησαν τέσσαρα μέρη,
ἑκάστῳ στρατιώτῃ μέρος, καὶ τὸν χιτῶνα. ἦν δὲ ὁ
χιτὼν ἄρραφος, ἐκ τῶν ἄνωθεν ὑφαντὸς δι' ὅλου· ²⁴
Εἶπον οὖν πρὸς ἀλλήλους· μὴ σχίσωμεν αὐτόν, ἀλλὰ
λάχωμεν περὶ αὐτοῦ τίνος ἔσται· ἵνα ἡ γραφὴ πληρωθῇ
διεμερίσαντο τὰ ἱμάτιά μου ἑαυτοῖς καὶ ἐπὶ τὸν ἱματισ-
μόν μου ἔβαλον κλῆρον. οἱ μὲν οὖν στρατιῶται ταῦτα
ἐποίησαν.

²⁵ Εἱστήκεισαν δὲ παρὰ τῷ σταυρῷ τοῦ Ἰησοῦ ἡ μήτηρ αὐτοῦ καὶ ἡ ἀδελφὴ τῆς μητρὸς αὐτοῦ, Μαρία ἡ
τοῦ Κλωπᾶ καὶ Μαρία ἡ Μαγδαληνή. ²⁶ Ἰησοῦς οὖν
ἰδὼν τὴν μητέρα καὶ τὸν μαθητὴν παρεστῶτα ὃν ἠγάπα
λέγει τῇ μητρί· γύναι, ἴδε ὁ υἱός σου. ²⁷ Εἶτα λέγει
τῷ μαθητῇ· ἴδε ἡ μήτηρ σου. καὶ ἀπ' ἐκείνης τὴν ὥρας
ἔλαβεν ὁ μαθητὴς αὐτὴν εἰς τὰ ἴδια.

²⁸ Μετὰ τοῦτο Ἰησοῦς εἰδὼς ὅτι ἤδη πάντα τετέ-
λεσται, ἵνα τελειωθῇ ἡ γραφή, λέγει· διψῶ. ²⁹ Σκεῦος
ἔκειτο ὄξους μεστόν· σπόγγον οὖν μεστὸν τοῦ ὄξους
ὑσσώπῳ περιθέντες προσήνεγκαν αὐτοῦ τῷ στόματι

il luogo dove Gesú era stato crocifisso si trovava vicino alla città e anche perché era compilata in ebraico, in greco e in latino. [21] Perciò i capi dei sacerdoti dissero a Pilato: « Non dovevi scrivere: — Re dei Giudei —, ma che egli aveva detto: — Io sono il re dei Giudei — ». [22] E Pilato rispose: « Ciò che ho scritto, ho scritto ».

[24] Intanto, i quattro soldati che avevano crocifisso Gesú, presero le sue vesti e le divisero tra loro: una parte per ciascuno. E presero anche la tunica. Però la tunica era senza cuciture, d'un tessuto tutto intero dall'alto fino in basso. [24] Perciò dissero tra loro: « Questa non possiamo dividerla, tiriamola a sorte: si vedrà a chi tocca ».

Si avveravano cosí le parole della Scrittura: — *Hanno diviso tra loro le mie vesti e tirato a sorte la mia tunica.* — E proprio questo fecero i soldati.

AI PIEDI DELLA CROCE

[25] Ai piedi della croce di Gesú stavano la madre e la sorella della madre, Maria moglie di Cleofa, e Maria Maddalena. [26] Gesú, vedendo la madre e, vicino a lei, il discepolo prediletto, disse alla madre: « Donna, ecco tuo figlio! » [27] E al discepolo: « Ecco tua madre! » E da quel momento il discepolo l'accolse nella sua casa.

OGNI COSA È COMPIUTA

[28] E dette queste parole, Gesú, sapendo che tutto era già compiuto, disse: « Ho sete ». S'adempiva cosí la Scrittura. [29] Allora, inzuppata una spugna in un vaso pieno d'aceto, che si trovava là, e postala in

³⁰ Ὅτε οὖν ἔλαβε τὸ ὄξος Ἰησοῦς εἶπε· τετέλεσται· καὶ κλίνας τὴν κεφαλὴν παρέδωκε τὸ πνεῦμα.

³¹ Οἱ οὖν Ἰουδαῖοι, ἐπεὶ παρασκευὴ ἦν, ἵνα μὴ μείνῃ ἐπὶ τοῦ σταυροῦ τὰ σώματα ἐν τῷ σαββάτῳ, ἦν γὰρ μεγάλη ἡ ἡμέρα ἐκείνου τοῦ σαββάτου, ἠρώτησαν τὸν Πειλᾶτον ἵνα κατεαγῶσιν αὐτῶν τὰ σκέλη καὶ ἀρθῶσιν· ³² Ἦλθον οὖν οἱ στρατιῶται, καὶ τοῦ μὲν πρώτου κατέαξαν τὰ σκέλη καὶ τοῦ ἄλλου τοῦ συνσταυρωθέντος αὐτῷ· ³³ ἐπὶ δὲ τὸν Ἰησοῦν ἐλθόντες ὡς εἶδον ἤδη αὐτὸν τεθνηκότα, οὐ κατέαξαν αὐτοῦ τὰ σκέλη, ³⁴ ἀλλ' εἷς τῶν στρατιωτῶν λόγχῃ αὐτοῦ τὴν πλευρὰν ἔνυξε, καὶ ἐξῆλθεν εὐθὺς αἷμα καὶ ὕδωρ. ³⁵ Καὶ ὁ ἑωρακὼς μεμαρτύρηκε, καὶ ἀληθινὴ αὐτοῦ ἐστιν ἡ μαρτυρία, καὶ ἐκεῖνος οἶδεν ὅτι ἀληθῆ λέγει, ἵνα καὶ ὑμεῖς πιστεύητε. ³⁶ Ἐγένετο γὰρ ταῦτα ἵνα ἡ γραφὴ πληρωθῇ· ὀστοῦν οὐ συντριβήσεται αὐτοῦ. ³⁷ καὶ πάλιν ἑτέρα γραφὴ λέγει· ὄψονται εἰς ὃν ἐξεκέντησαν.

³⁸ Μετὰ δὲ ταῦτα ἠρώτησε τὸν Πειλᾶτον Ἰωσὴφ ἀπὸ Ἀριμαθαίας, ὢν μαθητὴς Ἰησοῦ κεκρυμμένος δὲ διὰ τὸν φόβον τῶν Ἰουδαίων, ἵνα ἄρῃ τὸ σῶμα τοῦ Ἰησοῦ· καὶ ἐπέτρεψεν ὁ Πειλᾶτος. ἦλθεν οὖν καὶ ἦρε τὸ σῶμα αὐτοῦ. ³⁹ Ἦλθε δὲ καὶ Νικόδημος, ὁ ἐλθὼν πρὸς αὐτὸν νυκτὸς τὸ πρῶτον, φέρων ἕλιγμα σμύρνης καὶ ἀλόης ὡς λίτρας ἑκατόν. ⁴⁰ Ἔλαβον οὖν τὸ σῶμα τοῦ Ἰησοῦ καὶ ἔδησαν αὐτὸ ὀθονίοις μετὰ τῶν ἀρωμάτων, καθὼς ἔθος ἐστὶ τοῖς Ἰουδαίοις ἐνταφιάζειν. ⁴¹ Ἦν δὲ ἐν τῷ τόπῳ ὅπου ἐσταυρώθη κῆπος, καὶ

cima ad una canna d'issopo, l'accostarono alla bocca di Gesú. [30] E Gesú, dopo essersi dissetato con l'aceto, disse: « Ogni cosa è compiuta ». E reclinato il capo rese lo spirito. [31] Intanto i Giudei, siccome era la Parasceve, per non fare rimanere i corpi sulla croce durante il sabato (quel sabato, infatti, che stava per cominciare era molto solenne), domandarono a Pilato di far loro spezzare le gambe e di rimuoverli. [32] E vennero i soldati e spezzarono le gambe ai due che erano stati crocifissi insieme a Gesú; [33] ma avvicinatisi a Gesú, si accorsero che era già morto, e non gli spezzarono le gambe. [34] Però uno dei soldati lo colpí al costato con la punta della lancia, e subito, dalla ferita, uscí sangue ed acqua. [35] Chi era presente afferma che cosí è avvenuto; e la sua testimonianza è degna di fede, perché egli dice la verità, e voi dovete crederlo. [36] I fatti si sono cosí svolti perché si dovevano avverare queste parole della Scrittura: — *Non gli sarà spezzato alcun osso;* [37] e ancora queste altre: — *Volgeranno lo sguardo a colui che hanno trafitto.* —

LA SEPOLTURA DI GESÚ

[38] Poi, Giuseppe di Arimatea, che era discepolo di Gesú (ma in segreto, per timore dei Giudei), domandò a Pilato di poter prendere il corpo di Gesú. E Pilato acconsentí. Allora Giuseppe portò via il corpo di Gesú. [39] C'era anche Nicodemo, colui che la prima volta era andato di notte da Gesú, e portava con sé circa cento libbre di mirra e d'aloe mescolati insieme. [40] Essi, dunque, presero il corpo di Gesú, lo cosparsero con gli aromi, e lo avvolsero nelle bende, secondo l'usanza dei Giudei.

[41] Nella località dove Gesú era stato crocifisso, c'era

ἐν τῷ κήπῳ μνημεῖον καινόν, ἐν ᾧ οὐδέπω οὐδεὶς ἦν τεθειμένος· [42] ἐκεῖ οὖν διὰ τὴν παρασκευὴν τῶν Ἰουδαίων, ὅτι ἐγγὺς ἦν τὸ μνημεῖον, ἔθηκαν τὸν Ἰησοῦν.

20. — [1] Τῇ δὲ μιᾷ τῶν σαββάτων Μαρία ἡ Μαγδαληνὴ ἔρχεται πρωῒ σκοτίας ἔτι οὔσης εἰς τὸ μνημεῖον καὶ βλέπει τὸν λίθον ἠρμένον ἐκ τοῦ μνημείου· [2] τρέχει οὖν καὶ ἔρχεται πρὸς Σίμωνα Πέτρον καὶ πρὸς τὸν ἄλλον μαθητὴν ὃν ἐφίλει ὁ Ἰησοῦς, καὶ λέγει αὐτοῖς· ἦραν τὸν κύριον ἐκ τοῦ μνημείου, καὶ οὐκ οἴδαμεν ποῦ ἔθηκαν αὐτόν. [3] Ἐξῆλθεν οὖν ὁ Πέτρος καὶ ἄλλος μαθητής, καὶ ἤρχοντο εἰς τὸ μνημεῖον. [4] Ἔτρεχον δὲ οἱ δύο ὁμοῦ· καὶ ὁ ἄλλος μαθητὴς προέδραμε τάχιον τοῦ Πέτρου καὶ ἦλθε πρῶτος εἰς τὸ μνημεῖον, [5] καὶ παρακύψας βλέπει κείμενα τὰ ὀθόνια, οὐ μέντοι εἰσῆλθεν.

[6] Ἔρχεται οὖν καὶ Σίμων Πέτρος ἀκολουθῶν αὐτῷ, καὶ εἰσῆλθεν εἰς τὸ μνημεῖον· καὶ θεωρεῖ τὰ ὀθόνια κείμενα, [7] καὶ τὸ σουδάριον, ὃ ἦν ἐπὶ τῆς κεφαλῆς αὐτοῦ, οὐ μετὰ τῶν ὀθονίων κείμενον ἀλλὰ χωρὶς ἐντετυλιγμένον εἰς ἕνα τόπον. [8] Τότε οὖν εἰσῆλθε καὶ ὁ ἄλλος μαθητὴς ὁ ἐλθὼν πρῶτος εἰς τὸ μνημεῖον, καὶ εἶδε καὶ ἐπίστευσεν· [9] οὐδέπω γὰρ ᾔδεισαν τὴν γραφήν, ὅτι δεῖ αὐτὸν ἐκ νεκρῶν ἀναστῆναι. [10] Ἀπῆλθον οὖν πάλιν πρὸς αὐτοὺς οἱ μαθηταί.

[11] Μαρία δὲ εἱστήκει πρὸς τῷ μνημείῳ ἔξω κλαίουσα· ὡς οὖν ἔκλαιε, παρέκυψεν εἰς τὸ μνημεῖον, [12] καὶ θεωρεῖ δύο ἀγγέλους ἐν λευκοῖς καθεζομένους, ἕνα πρὸς

un orto, e, in questo, un sepolcro preparato da poco tempo, dove ancora non era stato sepolto nessuno. [42] E poiché era la Parasceve, posero Gesú in quel sepolcro vicino.

LA RESURREZIONE

XX — [1] Il giorno dopo il sabato, di primo mattino, quando ancora era buio, Maria Maddalena si recò al sepolcro, e vide che la pietra del sepolcro era stata rimossa. [2] Allora andò di corsa da Simon Pietro e dall'altro discepolo che Gesú amava, e disse loro: « Hanno portato via dal sepolcro il Signore e non si sa dove l'abbiano posto ». [3] Pietro e l'altro discepolo uscirono subito e si diressero verso il sepolcro. [4] I due si misero a correre; ma l'altro discepolo, piú veloce, corse innanzi, e giunse per primo. [5] E chinatosi a guardare dentro il sepolcro, vide le bende per terra; ma tuttavia non vi entrò. [6] Intanto giunse anche Simon Pietro, che lo seguiva, ed entrò nel sepolcro. E vide le bende per terra: [7] il sudario, che era stato sul capo di Gesú, non si trovava accanto alle bende, ma ripiegato a parte, in un altro posto. [8] Anche l'altro discepolo che era giunto per primo, entrò intanto nel sepolcro, vide e si convinse che il corpo di Gesú non c'era. [9] Ma essi non sapevano ancora che, secondo la Scrittura, Gesú doveva risuscitare dai morti. [10] Poi i discepoli se ne tornarono a casa.

DONNA, PERCHÉ PIANGI?

[11] Maria, invece, rimase fuori a lamentare Gesú, presso il sepolcro. E cosí piangente si chinò a guardare dentro il sepolcro, [12] e vide due angeli vestiti

τῇ κεφαλῇ καὶ ἕνα πρὸς τοῖς ποσίν, ὅπου ἔκειτο τὸ σῶμα τοῦ Ἰησοῦ. ¹³ Καὶ λέγουσιν αὐτῇ ἐκεῖνοι· γύναι, τί κλαίεις; καὶ λέγει αὐτοῖς· ὅτι ἦραν τὸν κύριόν μου, καὶ οὐκ οἶδα ποῦ ἔθηκαν αὐτόν. ¹⁴ Ταῦτα εἰποῦσα ἐστράφη εἰς τὰ ὀπίσω, καὶ θεωρεῖ τὸν Ἰησοῦν ἑστῶτα, καὶ οὐκ ᾔδει ὅτι Ἰησοῦς ἐστι. ¹⁵ Λέγει αὐτῇ Ἰησοῦς· γύναι, τί κλαίεις; τίνα ζητεῖς; ἐκείνη δοκοῦσα ὅτι ὁ κηπουρός ἐστι, λέγει αὐτῷ· κύριε, εἰ σὺ ἐβάστασας αὐτόν, εἰπέ μοι ποῦ ἔθηκας αὐτόν, κἀγὼ αὐτὸν ἀρῶ. ¹⁶ Λέγει αὐτῇ Ἰησοῦς· Μαριάμ. στραφεῖσα, ἐκείνη λέγει αὐτῷ ἑβραϊστί· ῥαββουνεί, ὃ λέγεται διδάσκαλε. ¹⁷ Λέγει αὐτῇ Ἰησοῦς· μὴ ἅπτου μου, οὔπω γὰρ ἀναβέβηκα πρὸς τὸν πατέρα· πορεύου δὲ πρὸς τοὺς ἀδελφούς μου καὶ εἰπὲ αὐτοῖς· ἀναβαίνω πρὸς τὸν πατέρα μου καὶ πατέρα ὑμῶν καὶ θεόν μου καὶ θεὸν ὑμῶν.

¹⁸ Ἔρχεται Μαριὰμ ἡ Μαγδαληνὴ ἀγγέλλουσα τοῖς μαθηταῖς ὅτι ἑώρακα τὸν κύριον, καὶ ταῦτα εἶπεν αὐτῇ.

¹⁹ Οὔσης οὖν ὀψίας τῇ ἡμέρᾳ ἐκείνῃ τῇ μιᾷ σαββάτων, καὶ τῶν θυρῶν κεκλεισμένων ὅπου ἦσαν οἱ μαθηταὶ διὰ τὸν φόβον τῶν Ἰουδαίων, ἦλθεν ὁ Ἰησοῦς καὶ ἔστη εἰς τὸ μέσον, καὶ λέγει αὐτοῖς· εἰρήνη ὑμῖν· ²⁰ καὶ τοῦτο εἰπὼν ἔδειξε καὶ τὰς χεῖρας καὶ τὴν πλευρὰν αὐτοῖς. ἐχάρησαν οὖν οἱ μαθηταὶ ἰδόντες τὸν κύριον. Εἶπεν οὖν αὐτοῖς ὁ Ἰησοῦς πάλιν· εἰρήνη ὑμῖν· καθὼ ἀπέσταλκέ με ὁ πατήρ, κἀγὼ πέμπω ὑμᾶς. ²² Καὶ τοῦτο εἰπὼν ἐνεφύσησε καὶ λέγει αὐτοῖς· λάβετε πνεῦμα ἅγιον· ²³ ἄν τινος ἀφῆτε τὰς ἁμαρτίας, ἀφίονται αὐτοῖς· ἄν τινος κρατῆτε, κεκράτηνται. ²⁴ Θωμᾶς δὲ εἷς ἐκ τῶν δώδεκα, ὁ λεγόμενος Δίδυμος, οὐκ ἦν μετ' αὐ

di bianco seduti nel luogo dove prima giaceva il corpo di Gesú: uno dalla parte del capo e l'altro dalla
parte dei piedi. [13] Essi le domandarono: « Donna.
perché piangi? ». E Maria rispose: « Perché hanno
tolto di qui il mio Signore e non so dove l'abbiano
messo ». [14] E mentre parlava, si voltò indietro e vide
Gesú che stava in piedi; Maria però non lo riconobbe.
[15] Gesú le domandò: « Donna, perché piangi? Chi
cerchi? ». E Maria, credendo che fosse il guardiano del-
l'orto, gli rispose: « Signore, se l'hai portato via tu,
dimmi dove l'hai messo, e io andrò a prenderlo ».
[16] Gesú le disse: « Maria! ». Ed essa, turbata, rispose
in ebraico: « Rabboni », che significa Maestro. [17] E
Gesú le disse: « Non mi toccare, perché non sono
ancora salito al Padre. Va' a dire ai miei discepoli
che salgo dal Padre mio e Padre vostro, Dio mio e
Dio vostro ».

[18] E Maria Maddalena andò ad annunziare ai discepoli che aveva visto il Signore e che le aveva detto
queste cose.

PACE A VOI

[19] Appena scese la sera di quel primo giorno della
settimana, nel luogo dove, per paura dei Giudei, i
discepoli si riunivano con le porte chiuse, venne Gesú
e presentatosi in mezzo a loro disse: « Pace a voi ».
[20] E detto questo, mostrò a loro le mani e il costato.
I discepoli appena videro il Signore provarono grande gioia. [21] E Gesú disse di nuovo: « Pace a voi!
Come il Padre ha mandato me, anch'io mando voi ».
[22] E detto questo, soffiò su loro e disse: « Ricevete lo
Spirito Santo. [32] Se voi rimetterete a qualcuno i peccati, che siano rimessi; e a chi non li perdonerete,
che non siano perdonati ». [24] Ma Tommaso, uno dei

τῶν ὅτε ἦλθεν Ἰησοῦς. 25 Ἔλεγον οὖν αὐτῷ οἱ ἄλλοι μαθηταί· ἑωράκαμεν τὸν κύριον. ὁ δὲ εἶπεν αὐτοῖς· ἐὰν μὴ ἴδω ἐν ταῖς χερσὶν αὐτοῦ τὸν τύπον τῶν ἥλων καὶ βάλω τὸν δάκτυλόν μου εἰς τὸν τύπον τῶν ἥλων καὶ βάλω μου τὴν χεῖρα εἰς τὴν πλευρὰν αὐτοῦ, οὐ μὴ πιστεύσω.

26 Καὶ μεθ᾽ ἡμέρας ὀκτὼ πάλιν ἦσαν ἔσω οἱ μαθηταὶ αὐτοῦ, καὶ Θωμᾶς μετ᾽ αὐτῶν. ἔρχεται ὁ Ἰησοῦς τῶν θυρῶν κεκλεισμένων, καὶ ἔστη εἰς τὸ μέσον καὶ εἶπεν· εἰρήνη ὑμῖν. 27 Εἶτα λέγει τῷ Θωμᾷ· φέρε τὸν δάκτυλόν σου ὧδε καὶ ἴδε τὰς χεῖράς μου, καὶ φέρε τὴν χεῖρά σου καὶ βάλε εἰς τὴν πλευράν μου, καὶ μὴ γίνου ἄπιστος ἀλλὰ πιστός. 28 Ἀπεκρίθη Θωμᾶς καὶ εἶπεν αὐτῷ· ὁ κύριός μου καὶ ὁ θεός μου. 29 Λέγει αὐτῷ Ἰησοῦς ὅτι ἑώρακάς με, πεπίστευκας· μακάριοι οἱ μὴ ἰδόντες καὶ πιστεύσαντες.

30 Πολλὰ μὲν οὖν καὶ ἄλλα σημεῖα ἐποίησεν ὁ Ἰησοῦς ἐνώπιον τῶν μαθητῶν, ἃ οὐκ ἔστι γεγραμμένα ἐν τῷ βιβλίῳ τούτῳ· 31 ταῦτα δὲ γέγραπται ἵνα πιστεύητε ὅτι Ἰησοῦς ἐστιν ὁ Χριστὸς ὁ υἱὸς τοῦ θεοῦ, καὶ ἵνα πιστεύοντες ζωὴν ἔχητε ἐν τῷ ὀνόματι αὐτοῦ.

dodici, non era con loro quando apparve Gesú. [25] E
appena giunse, gli altri discepoli gli dissero: «Abbiamo
visto il Signore». Egli rispose loro: «Se non
vedo nelle sue mani il segno dei chiodi e non metto
il mio dito nella ferita dei chiodi e la mano nel suo
costato, io non crederò mai».

[26] Otto giorni dopo i discepoli si trovavano di nuovo
nello stesso luogo, e Tommaso era con loro. E
Gesú, sebbene le porte fossero chiuse, venne in mezzo
a loro e disse: «Pace a voi». [27] Poi cosí parlò a Tommaso:
«Accosta qui il tuo dito e guarda le mie
mani! Stendi anche la tua mano e tocca il mio costato:
e non essere dubbioso, ma credente». [28] E
Tommaso gli rispose: «Mio Signore e mio Dio». [29] E
Gesú gli disse: «Tu hai creduto, perché hai visto:
beati coloro che non hanno visto e hanno creduto».

PAROLE DI GIOVANNI PER IL SUO VANGELO

[30] Gesú, dinanzi ai suoi discepoli, fece ancora molti
altri miracoli che non sono narrati in questo libro;
[31] ma queste cose sono state scritte perché crediate
che Gesú è il Cristo, il Figlio di Dio, e perché credendo
abbiate la vita nel suo nome.

APPENDICE

21. — ¹ Μετὰ ταῦτα ἐφανέρωσεν ἑαυτὸν πάλιν Ἰησοῦς τοῖς μαθηταῖς ἐπὶ τῆς θαλάσσης τῆς Τιβεριάδος· ἐφανέρωσε δὲ οὕτως. ²·⁷ Ησαν ὁμοῦ Σίμων Πέτρος καὶ Θωμᾶς ὁ λεγόμενος Δίδυμος καὶ Ναθαναὴλ ὁ ἀπὸ Κανᾶ τῆς Γαλιλαίας καὶ οἱ τοῦ Ζεβεδαίου καὶ ἄλλοι ἐκ τῶν μαθητῶν αὐτοῦ δύο. ³ Λέγει αὐτοῖς Σίμων Πέτρος· ὑπάγω ἁλιεύειν. λέγουσιν αὐτῷ· ἐρχόμεθα καὶ ἡμεῖς σὺν σοί. ἐξῆλθον καὶ ἐνέβησαν εἰς τὸ πλοῖον, καὶ ἐν ἐκείνῃ τῇ νυκτὶ ἐπίασαν οὐδέν. ⁴ Πρωΐας δὲ ἤδη γινομένης ἔστη Ἰησοῦς εἰς τὸν αἰγιαλόν· οὐ μέντοι ᾔδεισαν οἱ μαθηταὶ ὅτι Ἰησοῦς ἐστι. ⁵ Λέγει οὖν αὐτοῖς Ἰησοῦς· παιδία, μή τι προσφάγιον ἔχετε; ἀπεκρίθησαν αὐτῷ· οὔ. ⁶ Ὁ δὲ εἶπεν αὐτοῖς· βάλετε εἰς τὰ δεξιὰ μέρη τοῦ πλοίου τὸ δίκτυον, καὶ εὑρήσετε. ἔβαλον οὖν. καὶ οὐκέτι αὐτὸ ἑλκύσαι ἴσχυον ἀπὸ τοῦ πλήθους τῶν ἰχθύων. ⁷ Λέγει οὖν ὁ μαθητὴς ἐκεῖνος ὃν ἠγάπα ὁ Ἰησοῦς τῷ Πέτρῳ· ὁ κύριός ἐστι. Σίμων οὖν Πέτρος ἀκούσας ὅτι ὁ κύριός ἐστι, τὸν ἐπενδύτην διεζώσατο. ἦν γὰρ γυμνός, καὶ ἔβαλεν ἑαυτὸν εἰς τὴν θάλασσαν· ⁸ οἱ δὲ ἄλλοι μαθηταὶ τῷ πλοιαρίῳ ἦλθον, οὐ γὰρ ἦσαν μακρὰν ἀπὸ τῆς γῆς ἀλλὰ ὡς ἀπὸ πηχῶν διακοσίων, σύροντες τὸ δίκτυον ἰχθύων. ⁹ Ὡς οὖν ἀπέβησαν εἰς τὴν γῆν, βλέπουσιν ἀνθρακιὰν κειμένην καὶ ὀψάριον ἐπικείμενον καὶ ἄρτον. ¹⁰ Λέγει αὐτοῖς Ἰησοῦς· ἐνέγκατε ἀπὸ τῶν ὀψαρίων ὧν ἐπιάσατε νῦν. ¹¹ Ἀνέβη οὖν Σίμων Πέτρος καὶ εἵλκυσε τὸ δίκτυον εἰς τὴν γῆν μεστὸν ἰχθύων μεγάλων ἑκατὸν πεντήκοντα τριῶν· καὶ τοσούτων ὄντων οὐκ ἐσχίσθη τὸ δίκτυον. ¹² Λέγει

GESÚ RIAPPARE
PRESSO IL MARE DI TIBERIADE

XXI — [1] Dopo qualche tempo Gesú riapparve ai discepoli presso il mare di Tiberiade. Ed ecco come: [2] Simon Pietro, Tommaso detto Didimo, Natanaele di Cana di Galilea, i figli di Zebedeo e due altri discepoli si trovavano insieme, [3] quando Simon Pietro disse: « Io vado a pescare ». I suoi compagni risposero: « Veniamo anche noi con te ». Cosí, s'incamminarono e salirono in una barca; ma in tutta quella notte non pescarono nulla. [4] Era già mattina, quando Gesú apparve sulla riva. I discepoli però non lo riconobbero. [5] E Gesú domandò loro: « Figliuoli, avete qualcosa da mangiare? ». Essi gli risposero: « No ». [6] Ed egli disse: « Gettate la rete dalla parte destra della barca, e ne troverete ». Essi dunque gettarono la rete, e non potevano piú tirarla su, piena com'era di una grande quantità di pesci. [7] Allora il discepolo che Gesú amava, disse a Pietro: « È il Signore ». E Simon Pietro, appena udí che era il Signore, si mise la tunica, perché era nudo, e si tuffò nell'acqua; [8] invece gli altri discepoli, tirandosi dietro la rete colma di pesci, mossero incontro a Gesú con la barca, perché erano lontani dalla terra appena cento metri. [9] Appena scesi a terra, videro del pesce preparato sopra un fuoco acceso; e videro anche del pane. [10] Gesú disse loro: « Portate qua alcuni pesci di quelli che avete presi in questo momento ». [11] Simon Pietro salí nella barca e trascinò a terra la rete colma di centocinquantatré grossi pesci. (Sebbene fosse cosí carica, la rete non si era rotta.) [12] Gesú disse loro: « Ecco, mangiate ».

αὐτοῖς Ἰησοῦς· δεῦτε ἀριστήσατε. οὐδεὶς ἐτόλμα τῶν μαθητῶν ἐξετάσαι αὐτόν· σὺ τίς εἶ; εἰδότες ὅτι ὁ κύριός ἐστιν. ¹³ Ἔρχεται Ἰησοῦς καὶ λαμβάνει τὸν ἄρτον καὶ δίδωσιν αὐτοῖς καὶ τὸ ὀψάριον ὁμοίως. ¹⁴ Τοῦτο ἤδη τρίτον ἐφανερώθη Ἰησοῦς τοῖς μαθηταῖς ἐγερθεὶς ἐκ νεκρῶν.

¹⁵ Ὅτε οὖν ἠρίστησαν, λέγει τῷ Σίμωνι Πέτρῳ ὁ Ἰησοῦς· Σίμων Ἰωάνου, ἀγαπᾷς με πλέον τούτων; λέγει αὐτῷ· ναί, κύριε, σὺ οἶδας ὅτι φιλῶ σε. λέγει αὐτῷ· βόσκε τὰ ἀρνία μου. ¹⁶ Λέγει αὐτῷ πάλιν δεύτερον· Σίμων Ἰωάνου, ἀγαπᾷς με; λέγει αὐτῷ· ναί, κύριε, σὺ οἶδας ὅτι φιλῶ σε. λέγει αὐτῷ· ποίμαινε τὰ προβάτιά μου. ¹⁷ Λέγει αὐτῷ τὸ τρίτον· Σίμων Ἰωάνου, φιλεῖς με; ἐλυπήθη ὁ Πέτρος ὅτι εἶπεν αὐτῷ τὸ τρίτον· φιλεῖς με; καὶ εἶπε· κύριε, πάντα σὺ οἶδας, σὺ γινώσκεις ὅτι φιλῶ σε· λέγει αὐτῷ Ἰησοῦς· βόσκε τὰ προβάτιά μου. ¹⁸ Ἀμὴν ἀμὴν λέγω σοι, ὅτε ἦς νεώτερος, ἐζώννυες σεαυτὸν καὶ περιεπάτεις ὅπου ἤθελες· ὅταν δὲ γηράσῃς, ἐκτενεῖς τὰς χεῖράς σου, καὶ ἄλλος ζώσει σε καὶ οἴσει ὅπου οὐ θέλεις. ¹⁹ Τοῦτο δὲ εἶπε σημαίνων ποίῳ θανάτῳ δοξάσει τὸν θεόν. καὶ τοῦτο εἰπὼν λέγει αὐτῷ· ἀκολούθει μοι.

²⁰ Ἐπιστραφεὶς ὁ Πέτρος βλέπει τὸν μαθητὴν ὃν ἠγάπα ὁ Ἰησοῦς ἀκολουθοῦντα, ὃς καὶ ἀνέπεσεν ἐν τῷ δείπνῳ ἐπὶ τὸ στῆθος αὐτοῦ καὶ εἶπε· κύριε, τίς ἐστιν ὁ παραδιδούς σε; ²¹ τοῦτον οὖν ἰδὼν ὁ Πέτρος λέγει τῷ Ἰησοῦ· κύριε, οὗτος δὲ τί; ²² λέγει αὐτῷ ὁ Ἰησοῦς·

Ma nessuno dei discepoli osò domandargli: « Chi sei? » perché avevano capito che era il Signore. [13] E Gesú si avvicinò e, preso il pane, lo distribuí a loro: e cosí fece pure del pesce.

[14] Questa era la terza volta che Gesú appariva ai suoi discepoli, da quando era risuscitato dai morti.

DESTINO DI PIETRO

[15] Quando i discepoli finirono di mangiare, Gesú disse a Simon Pietro: « Simone, figlio di Giovanni, mi ami tu piú di costoro? ». Ed egli: « Sí, o Signore, tu sai che io ti amo ». E Gesú: « Pasci i miei agnelli! ». [16] Gesú gli domandò per la seconda volta: « Simone, figlio di Giovanni, mi ami tu? ». E Pietro gli rispose: « Sí, o Signore, tu sai che io ti amo ». E Gesú: « Pasci il mio gregge! ». [17] E per la terza volta gli domandò: « Simone, figlio di Giovanni, mi ami tu? ». Pietro si rattristò perché Gesú gli aveva domandato per tre volte: — Mi ami tu? — Ma gli rispose: « Signore, tu sai tutto, tu sai che io ti amo ». E Gesú gli disse: « Pasci il mio gregge! [18] In verità, in verità ti dico, che quando eri piú giovane ti cingevi i fianchi secondo il tuo desiderio e andavi dove volevi; ma quando sarai vecchio, stenderai le mani, e un altro ti cingerà e ti condurrà dove non vorrai ». [19] Gesú preannunziava cosí con quale morte Pietro avrebbe dato gloria a Dio. Poi Gesú aggiunse: « Tu seguimi ». [20] A questo punto Pietro si voltò, e si accorse che lo seguiva da vicino il discepolo prediletto da Gesú, quello che durante la cena aveva appoggiato il capo sul petto di lui, e aveva domandato: — Signore, chi è colui che ti tradirà? — [21] Pietro, appena lo vide, disse a Gesú: « Signore, e di costui che avverrà? ». [22] E Gesú rispo-

ἐὰν αὐτὸν θέλω μένειν ἕως ἔρχομαι, τί πρὸς σέ; σύ μοι ἀκολούθει.

²³ Ἐξῆλθεν οὖν οὗτος ὁ λόγος εἰς τοὺς ἀδελφοὺς ὅτι ὁ μαθητὴς ἐκεῖνος οὐκ ἀποθνήσκει· οὐκ εἶπε δὲ αὐτῷ ὁ Ἰησοῦς ὅτι οὐκ ἀποθνήσκει, ἀλλ' ἐὰν αὐτὸν θέλω μένειν ἕως ἔρχομαι, τί πρὸς σέ;

²⁴ οὗτός ἐστιν ὁ μαθητὴς ὁ καὶ μαρτυρῶν περὶ τούτων καὶ ὁ γράψας ταῦτα καὶ οἴδαμεν ὅτι ἀληθὴς αὐτοῦ ἡ μαρτυρία ἐστίν. ²⁵ Ἔστι δὲ καὶ ἄλλα πολλὰ ἃ ἐποίησεν ὁ Ἰησοῦς, ἅτινα ἐὰν γράφηται καθ' ἕν, οὐδ' αὐτὸν οἶμαι τὸν κόσμον χωρήσειν τὰ γραφόμενα βιβλία.

se: « Se io voglio che egli rimanga fino al mio ritorno,
che importa a te? Tu seguimi ». ²³ Si diffuse cosí tra
i seguaci la convinzione che quel discepolo non sarebbe morto. Ma Gesú non aveva detto: — Non morirà
rirà —; ma: — Se io voglio che egli rimanga fino
al mio ritorno, che importa a te? —

IL DISCEPOLO CHE GESÚ AMAVA

²⁴ Quel discepolo è colui che testimonia questi fatti,
e li ha narrati; e noi sappiamo che la sua testimonianza è degna di fede.

²⁵ Gesú compí ancora molte altre opere; e a de-
scriverle ad una ad una, credo che il mondo intero
non potrebbe contenere i libri che se ne dovrebbero
scrivere.

NOTE

Il testo greco del Vangelo che qui si pubblica è quello curato da Sisto Colombo per la Società Editrice Internazionale.

CAPO I

Giovanni di Zebedeo, l'apostolo prediletto, scrisse il suo Vangelo verso la fine del I secolo per dimostrare che Gesú è il Messia, Figlio di Dio, salvatore di credenti (Vedi capo XX, 30).

1-5. All'inizio del prologo contempla il Verbo, ossia la seconda Persona della SS. Trinità, come eterno (esisteva già *al principio* del tempo), come Persona distinta dal Padre (*era presso Dio*), ma indissolubilmente unita a Lui, sussistendo come Lui nell'unica natura divina (*il Verbo era Dio*). Lo proclama creatore di tutto, fonte di *vita* e di luce naturale e soprannaturale (*grazia e verità*). Le *tenebre,* ossia gl'increduli, non riuscirono a soffocare tale luce.

6-8. Contro certi eretici che preferivano Giovanni Battista al Cristo battezzato da lui, l'evangelista dichiara che quegli non era la luce vera, ma solo un testimone di essa.

9-13. Il Verbo fu respinto dal suo popolo eletto, ma concesse il potere di divenire figli adottivi di Dio a quelli che credono in Lui.

14. Il Verbo si fece *carne*, ossia uomo, assunse nell'unica sua Persona divina la natura umana, e *noi*, apostoli, *abbiamo contemplato la gloria*, i prodigi compiuti da lui, *unigenito*, Figlio del Padre, per natura.

15. Il Battista, nato sei mesi prima di Lui, ne riconosce la preesistenza divina.

16-18. Dalla pienezza del Verbo Incarnato noi tutti riceviamo la vita della grazia e la luce della verità rivelata.

19-28. Agl'inviati del Sinedrio il battezzatore dichiara di essere soltanto il precursore del Messia, secondo la profezia di Isaia (XL, 3).

29. Il Messia è la vittima destinata ad immolarsi per i peccati dell'umanità (allude ad Isaia LIII, 7).

33. Il battesimo di Cristo infonde nelle anime lo Spirito Santo.

35. Di questi due discepoli uno è innominato. Si tratta di Giovanni, autore del Vangelo, fratello di Giacomo, l'altro è Andrea, fratello di Simon Pietro. Andrea condusse a Gesú il fratello, piú tardi anche Giovanni gli condusse suo fratello (v. 41).

39. L'*ora decima* corrisponde alle nostre quattro pomeridiane.

42. *Cefa* in aramaico significa « roccia », « pietra ». Accenna al primato che Cristo gli conferirà (Vedi capo XXI, 15-17).

43. *Natanaele* dev'essere l'apostolo Bartolomeo. Dagli evangelisti sinottici (Matteo e Luca) sappiamo che Gesú è nato a Betlemme, da Maria Vergine, per opera dello Spirito Santo; Giuseppe, sposo della Vergine era solo padre putativo o legale del Verbo Incarnato. Siccome Gesú dimorò lungamente a Nazaret, in Galilea, veniva comunemente chiamato *figlio di Giuseppe, da Nazaret* (Vedi VI, 42; VII, 40-42).

Capo II

4-6. La Vergine ha intuito dalla risposta apparentemente dura, che il Figlio, per compiacerla, avrebbe compiuto subito il primo miracolo. Una *metreta* equivaleva a circa 40 litri.

12. Secondo l'uso ebraico i cugini e i parenti in genere sono detti *fratelli*.

14. Per *Tempio* s'intendono i porticati e i cortili adiacenti al Santuario.

17. Salmo LXVIII, 10.

Capo III

5. Il battesimo cristiano è una rigenerazione che conferisce all'anima un principio di vita soprannaturale: lo Spirito Santo.

13. Il mistero dell'Incarnazione del Verbo è presentato insieme come un'ascensione al Cielo della natura umana del Messia, Figlio dell'Uomo, e come una discesa dal Cielo del Verbo, Figlio di Dio, che da quel momento abitò fra noi.

14. Il serpente di bronzo apportatore di salvezza per

gl'Israeliti (v. Num. XXI, 9) era tipo del Salvatore crocifisso.

36. La vita eterna iniziale è la grazia santificante che si perfeziona nella gloria del Paradiso.

Capo IV

6. *L'ora sesta,* verso mezzogiorno.

10. L'*acqua viva* di cui parla Gesú è lo Spirito Santo da cui zampilla la grazia e la gloria.

20. I samaritani scismatici avevano costruito un tempio sul monte Garizim.

· 23-24. Non condanna il culto esterno, ma lo esige unito a quello interno, sincero, dello spirito.

52. *Ora settima,* le nostre tredici.

Capo V

10. I farisei interpretavano in modo eccessivamente rigorista la legge del riposo festivo che, per gli ebrei, ricorreva il sabato.

17. Gesú si attribuisce chiaramente diritti divini analoghi a quelli del Padre suo.

19-21. Cosí Gesú dichiara di avere la stessa identica natura divina con il Padre.

37-38. Il Padre m'ha reso testimonianza con i prodigi che mi fa compiere: voi, rifiutando tale testimonianza, avete respinto la parola di Dio rivelata.

45-46. Mosè, nel Pentateuco, scrisse delle profezie riguardanti il Messia. (Vedi, ad esempio, *Deuteronomio* XVIII. 15-22; *Genesi* III, 15; XII, 3; XVIII, 18; XXII, 18; XLIX, 10).

Capo VI

1-15. Gli Ebrei chiamavano mare ogni specchio d'acqua. Qui si tratta del lago detto di Galilea, o di Tiberiade, o di Genezaret. Il fatto avvenne nelle vicinanze di Betsaida Giulia, a nord-est del lago.

19. Uno *stadio* era di circa 185 metri.

26-58. In questo discorso Gesú promette l'Eucaristia. Nella prima parte eccita la fede degli uditori proponendosi come *pane,* ossia cibo, che dà *la vita* soprannaturale, nella

II parte, specialmente dal v. 51 precisa che Egli darà *vera-mente in cibo la sua carne e in bevanda il suo sangue.*

31. Esodo XVI, 15-21 — II Esdra IX, 15 — Salmo LXXVII, 24-25.

42. Gli uditori cafarnaiti, come già Filippo (vedi sopra I, 43), pensavano che Gesú fosse un semplice uomo, figlio di Giuseppe e di Maria: non ne conoscevano la misteriosa origine divina presentata anche qui come una discesa dal Cielo.

45. Is. LIV, 13.

60-66. Gesú parlava in senso proprio, della sua carne in cibo; cosí lo intesero i cafarnaiti che si figuravano un pasto da cannibali. Piuttosto che ritirare la promessa, Gesú pre-ferí vedersi abbandonato da molti.

Capo VII

2. La festa delle *Tende,* o delle *Capanne,* o dei *Taber-nacoli,* si celebrava dal 15 al 22 del mese lunare detto Tishri (luna di settembre). Si abitava sotto capanne di fronde in ricordo dei 40 anni passati nel deserto al tempo dell'esodo dall'Egitto.

3-5. I *fratelli,* ossia i cugini di Gesú, esigevano che si manifestasse come Messia politico-nazionale; non credevano al carattere eminentemente spirituale e religioso del suo regno.

25-27. Secondo certi ebrei, il Messia, prima d'apparire al mondo, doveva rimanere per qualche tempo nascosto per poi manifestarsi con grande splendore.

35. I Giudei chiamavano «diasporà» o *dispersione* le regioni pagane ov'erano dispersi i loro connazionali.

38-39. Lo Spirito Santo che i credenti avrebbero sensi-bilmente ricevuto dopo l'Ascensione di Cristo al Cielo, li avrebbe arricchiti di doni di grazia, o di carismi, anche a profitto degli altri. Questo concetto è contenuto in diversi passi della Scrittura citata qui a senso (vedi Isaia XLIV, 3; LVIII, 11).

40-42. Non sapevano costoro che Gesú era veramente discendente di Davide, nato a Betlemme (vedi sopra, note I, 43; VI, 42).

Capo VIII

1-8. L'episodio dell'adultera manca in diversi manoscritti antichi. Sembra sia stato omesso intenzionalmente per non lasciar credere che l'adulterio fosse un peccato leggero, facilmente perdonabile. Anche qui con il termine *Tempio* s'intendono le adiacenze del Santuario.

6. Se l'avesse assolta l'avrebbero accusato di trasgredire la legge mosaica, se condannata, di eccessivo rigore contro la pratica ormai invalsa di sostituire alla lapidazione la carta di ripudio.

15. Cristo non giudica con criteri puramente umani (*secondo la carne*), ma secondo verità.

28-29. La crocifissione di Gesú sarà seguita da prodigi tali che lo dimostreranno Messia (Figlio dell'uomo) e Figlio proprio di Dio, intimamente unito al Padre.

41. *Non siamo nati da adulterio*, ossia la nostra origine non è macchiata da idolatria (considerata come adulterio commesso contro Dio, sposo della nazione eletta) perché abbiamo l'unico Dio per padre, come i nostri antenati.

44. *Fu omicida* facendo incorrere i progenitori nella comminata condanna a morte che ora pesa su tutti i mortali.

48. Dare del *samaritano* a un giudeo era ingiuria atroce: significava eretico, scomunicato, nemico della patria.

51. Non vedrà la morte dell'anima che consiste nel peccato mortale.

56-58. Qui Gesú proclama apertamente la sua preesistenza divina: Abramo era vissuto circa venti secoli prima di Cristo.

Capo IX

2-3. Certi ebrei pensavano che le disgrazie fossero sempre dovute a peccati commessi dall'individuo, anche prima di nascere, oppure dai genitori. Gesú indica una ragione superiore.

4. *Giorno e notte* sinonimi di vita e morte.

35. *Figlio dell'Uomo* significa Messia: altri codici, con la volgata, hanno: Figlio di Dio.

41. Se la vostra ignoranza fosse invincibile non ne avreste colpa, ma voi avete i mezzi per conoscere la verità e la ripudiate: per questo siete colpevoli.

. Capo X

10. Si tratta della vita che è grazia santificante e gloria celeste.

17-18. Liberamente Cristo offre per noi la sua vita in sacrificio, sicuro di risorgere glorioso.

22. La festa delle *Encenie* o della Dedicazione del Tempio era stata istituita da Giuda Maccabeo nel 164-165 a. C. per ricordare la purificazione del Tempio profanato da Antioco Epifane. Si celebrava per otto giorni dal 25 del mese lunare detto Kisleu (luna di novembre) nella stagione delle piogge.

34. Salmo LXXXI, 6 — Le parole «siete dèi» riguardano i giudici, in quanto partecipi dell'autorità di Dio.

Capo XI

2. Il fatto dell'unzione sarà raccontato piú sotto (al capo XII), ma l'evangelista lo suppone già conosciuto dagli altri Vangeli (Matteo XXVI, 6-16; Marco XIV, 2-11).

4. *Non è mortale*, in senso definitivo, perché Lazzaro risorgerà.

10-11. Vuol dire: non è ancora giunta l'ora buia della mia passione.

18. *Quindici stadi*, poco meno di 3 km.

49. Caifa esercitò il sommo sacerdozio dall'anno 18 al 36: era sommo sacerdote in quell'anno memorabile della passione di Cristo (30 o 33 dell'era volgare).

Capo XII

1. La Pasqua ebraica s'iniziava al 14 Nisan (luna piena di marzo) con la cena dell'agnello. La solennità era al 15 e durava un'ottava. I giorni per gli ebrei cominciavano al tramonto. Giovanni computa i giorni del mese secondo il calendario reale, stabilito dai sadducei, mentre Gesú seguí il calendario dei farisei, in anticipo di un giorno. I Sinottici computano secondo il calendario dei farisei. Vedi XVIII, 28 nota, e *La Scuola cattolica*, Aprile 1933.

13. Salmo CXVII, 25-26.

15. Zach. IX, 9.

20. *Gentili*: si tratta probabilmente di non ebrei, proseliti del giudaismo.

25. Chi ama egoisticamente la propria vita fino a trasgredire la Legge di Dio, perde la vita della grazia.

31-33. Con la morte di Cristo il demonio sarà sconfitto. Il Crocifisso sarà centro d'attrazione del mondo.

38. Is. LIII, 1; Rom. X, 16.

40. Is. VI, 10; Mt. XIII, 14-15; Mc. IV, 12; Act. XXVIII. 26-27. Dio, per punire l'ostinata incredulità di certi giudei, sottraeva loro grazie piú efficaci, permettendone l'accecamento.

Capo XIII

1. *Li amò sino alla fine*, sino all'estremo limite dell'amore: si allude all'istituzione dell'Eucaristia in cui Cristo, mantenendo la promessa (capo VI), diede Se stesso in cibo alla sera del Giovedí Santo. I particolari dell'istituzione erano già conosciuti dai sinottici (Matteo XXVI; Marco XIV; Luca XXII).

18. Salmo XL, 10.

31. Qui s'inizia un lungo discorso che costituisce il testamento di Gesú. Si estende fino al capo XVII che comprende la preghiera sacerdotale. Dopo la partenza del traditore, Gesú considera ormai la passione come un fatto compiuto che sarà seguito dall'immancabile trionfo con la risurrezione e l'ascensione al Cielo.

Capo XIV

2. In Paradiso vi sono molteplici posti per il Maestro e per i discepoli.

8-9. Siccome Padre e Figlio hanno la stessa, identica, unica natura divina, chi vede il Figlio vede anche il Padre.

17. Lo Spirito che scenderà visibilmente a Pentecoste vi sarà Maestro di Verità.

18. Allude alle sue apparizioni dopo l'ascensione.

Capo XV

6. Senza la vita soprannaturale della grazia l'uomo non può produrre nulla di meritorio per la salvezza.

25. Salmo XXXIV, 19; LXVIII, 5.

26. *Paracleto* ossia Avvocato e Consolatore è lo Spirito Santo che procede dal Padre e dal Figlio, dal quale è inviato.

Capo XVI

8-11. Lo Spirito Santo convincerà il mondo della sua *colpa* d'incredulità al mio messaggio, della mia *giustizia* confermata dalla mia gloriosa ascensione, del *giudizio,* ossia della condanna giusta che ha colpito il demonio espulso dal mondo:

14-15. Anche da quest'espressione risulta che lo Spirito Santo procede dal Padre e dal Figlio.

16-22. Tra poco non mi vedrete più, perché sarò sepolto, poi mi rivedrete, risorgerò e vi apparirò; cosí il vostro dolore svanirà.

23. Dopo la risurrezione, dissipato ogni dubbio sul carattere del Messia, Uomo-Dio, gli apostoli non domanderanno più *come prima,* ma *nel suo nome,* riconoscendolo come Mediatore onnipotente.

Capo XVII

1-5 Il Verbo Incarnato prega come Sacerdote Mediatore tra Dio e gli uomini. Per la sua umanità domanda la gloria meritata per potere conferire a tutti la vita eterna, ossia la cognizione amorosa di Dio Padre e Figlio, iniziata in terra e perfezionata in Paradiso.

6-19. Per i suoi apostoli domanda protezione dal mondo incredulo, unione intima di carità; vuole che siano consacrati al servizio della verità per diffonderla con ogni mezzo.

20-29. Per i fedeli che crederanno invoca unione intima di carità fra loro e con Dio Uno e Trino.

Capo XVIII

28. Da questo accenno risulta che gli accusatori (sacerdoti, sadducei) non avevano ancora consumato l'agnello pasquale. Quel venerdí per essi era ancora il 14 Nisan. Gesú, con i farisei aveva seguito il calendario dei farisei che anticipavano di un giorno le date del mese lunare di Nisan (Vedi capo XII, 1 note).

31. I Romani avevano tolto al Sinedrio il diritto di eseguire condanne a morte.

37-38. La regalità di Cristo consiste nel rivelare agli uomini la verità e nel farla regnare nel mondo. Pilato, scettico in fatto di verità, ritiene che l'accusato sia un innocuo sognatore che si proclama re d'una chimera.

Capo XIX

14. *Parasceve* significa preparazione: era chiamato cosí il venerdí, perché preparazione del sabato. Quel sabato poi era « molto solenne » (XIX, 31) perché, secondo il calendario dei sadducei, coincideva con la solennità pasquale.

24. Si avveravano le parole del Salmo XXI (v. 19) che predice la passione di Cristo.

27. Alla Vergine Madre fu conferita la maternità spirituale, non solo nel discepolo prediletto Giovanni, ma di tutta l'umanità redenta, rappresentata da lui.

28. Salmo XXI, 16, LXVIII, 22.

31. Vedi nota al verso 14.

36. Esodo XII, 46; Salmo XXXIII, 21; Zach. XII, 10.

39. Cento libbre, circa 32 kg.

Capo XX

2-9. Pietro e Giovanni constatano personalmente che il sepolcro è vuoto. Non appaiono segni di trafugamento perché sudario e bende si trovavano in buon ordine.

19. Il primo giorno della settimana ebbe poi dai cristiani il nome di Domenica, giorno del Signore, in ricordo della Risurrezione.

22-23. Con queste parole istituiva il sacramento della penitenza, conferendo agli apostoli ed ai loro successori il potere di assolvere e di ritenere i peccati in nome di Dio.

Capo XXI

Questo capitolo è un'appendice aggiunta piú tardi dallo stesso autore ispirato, allo scopo di confutare una diceria, sorta tra i fedeli, che Giovanni non dovesse morire prima della seconda venuta del Redentore.

La risposta a tale diceria si ha nei versi 20-22. Precede l'episodio della seconda pesca miracolosa, seguita dal conferimento del primato a Pietro.

15-17. Prima di costituirlo pastore di tutto il suo gregge, Gesú esige che il suo vicario ripari con un triplice atto d'amore la triplice negazione.

18. Alludendo al gesto compiuto poco prima di stringersi ai fianchi il camiciotto, Gesú gli predice la futura prigionia (*un altro ti cingerà*) e il patibolo cui la natura ripugna (*ti condurrà dove non vorresti*).

24. I discepoli di Giovanni aggiungono allo scritto del Maestro la loro testimonianza di conferma.

INDICE

QUESTO VOLUME È STATO IMPRESSO NEL
MESE DI FEBBRAIO DELL'ANNO MCMLVIII NELLE
OFFICINE GRAFICHE VERONESI DELL'EDITORE
ARNOLDO MONDADORI

STAMPATO IN ITALIA - PRINTED IN ITALY

BIBLIOTECA MODERNA MONDADORI

VOLUMI PUBBLICATI